QuickStart
Windows 286 & 386

QuickStart Windows 286 & 386

Gabriele Wentges

DÜSSELDORF · PARIS · SAN FRANCISCO · LONDON · ARNHEIM

Anmerkungen:

Microsoft, MS-DOS, Windows 286/386, OS/2, Excel sind eingetragene Warenzeichen der Microsoft Corporation.
Ventura Publisher ist ein eingetragenes Warenzeichen der Rank Xerox Corporation.
PC XT/AT, VGA, EGA sind eingetragene Warenzeichen der International Business Machines Corporation.
Hercules ist ein eingetragenes Warenzeichen der Hercules Computer Technology.
Epson ist ein eingetragenes Warenzeichen der Epson America, Inc.
PageMaker ist ein eingetragenes Warenzeichen der Aldus Inc.
80286, 80386 und 80486 sind eingetragene Warenzeichen der Intel Corporation.

Fast alle Software- und Hardwarebezeichnungen, die in diesem Buch erwähnt werden, sind gleichzeitig auch eingetragene Warenzeichen und sollten als solche betrachtet werden.

Satz: Friederike Schellenberger/ Eva-Maria John
Farbreproduktionen: ESN, Düsseldorf
Umschlaggestaltung: Design Studio, Düsseldorf
Druck und buchbinderische Verarbeitung: Boss-Druck und Verlag, Kleve

Der Verlag hat alle Sorgfalt walten lassen, um vollständige und akkurate Informationen in diesem Buch bzw. Programm und anderen evtl. beiliegenden Informationsträgern zu publizieren. SYBEX-Verlag GmbH, Düsseldorf, übernimmt weder Garantie noch die juristische Verantwortung oder irgendeine Haftung für die Nutzung dieser Informationen, für deren Wirtschaftlichkeit oder fehlerfreie Funktion für einen bestimmten Zweck. Ferner kann der Verlag für Schäden, die auf eine Fehlfunktion von Programmen, Schaltplänen o.ä. zurückzuführen sind, nicht haftbar gemacht werden, auch nicht für die Verletzung von Patent- und anderen Rechten Dritter, die daraus resultieren.

ISBN 3-88745-256-9
1. Auflage 1989
2. Auflage 1990

Einführung in QuickStart

Vermutlich sind Sie der ideale PC-Anwender. Sie kennen die grundlegenden Funktionen von Tabellenkalkulationen, Textverarbeitungen und Dateiverwaltungen. Kurz: Sie sind ein engagierter und interessierter PC-Benutzer und möchten sich das nötige Wissen über verschiedene Standardprogramme in kürzester Zeit aneignen. Für Sie ist die QuickStart-Buchreihe aus dem SYBEX-Verlag entwickelt worden.

Zielgruppe

Ein übersichtlich strukturiertes Konzept führt Ihnen in 20 Schritten vor, was das Produkt kann, wie Sie mit dem jeweiligen Programm umzugehen haben und wie Sie schnell zu brauchbaren Arbeitsergebnissen kommen.

Damit erfüllt ein solches QuickStart-Buch zwei Aufgaben: Es informiert Sie über die Eigenschaften eines Programms und gibt Ihnen die Möglichkeit, sich schnell mit ihnen vertraut zu machen. So bekommen Sie eine echte Entscheidungshilfe für den Kauf an die Hand und dazu einen Grundkurs in 20 Schritten, der auch Anfängern mit geringen Vorkenntnissen das nötige Basiswissen zu einem Programm vermittelt.

Was leistet das Buch

Der Erfolg liegt auf der Hand. Erstens: Sie investieren in Software, die Ihren Anforderungen entspricht, weil Sie nach der Lektüre der betreffenden QuickStart-Bücher die Unterschiede zwischen den Programmen einer Kategorie kennen. Zweitens: Nach dem Kauf des Produktes können Sie sich das Studium der Original-Handbücher fürs erste sparen und sich statt dessen mit den 20 Schritten einarbeiten.

Da Sie sicherlich, wie jeder vielbeschäftigte Anwender, so wenig Zeit wie möglich in das Studium von Begleitliteratur investieren wollen oder als Einsteiger so wenig wie möglich überflüssigen Text lesen möchten, haben wir den Titeln aus der QuickStart-Reihe eine entsprechende Struktur gegeben.

Die Zeitersparnis fängt bei der richtigen Zeiteinteilung an: Zu jedem Schritt finden Sie eine Zeitangabe, die darstellt, wieviel

Struktur des Buches

Zeit Sie aufwenden müssen, um diesen Schritt am Gerät durch-
zuarbeiten.

Uhr

Natürlich brauchen Sie viel weniger Zeit, wenn Sie die Schritte
nur theoretisch nachvollziehen. Zusätzlich finden Sie in der
Marginalspalte kurze Hinweise auf den Inhalt der wichtigsten
Abschnitte innerhalb eines Schrittes. So können Sie sich
schnell auf jeder Seite orientieren.

Drei Symbole sollen Ihnen helfen, besonders wichtige Punkte
schnell zu finden; welches Symbol welche Bedeutung hat, zeigen die folgenden Abbildungen:

Achtung

Hinweis

Ausführung

Die QuickStart-Bücher können natürlich kein Anleitungsbuch
mit fortgeschrittenen Anwendungen ersetzen, Sie erhalten jedoch die nötigen Informationen, damit Sie das Programm sinnvoll einsetzen können und die Grundfunktionen kennen.

Der erste Schritt befaßt sich jeweils mit der Installation der Software unter Berücksichtigung verschiedener Hardware-Voraussetzungen, und Sie erfahren hier, ob das betreffende Programm überhaupt mit der bei Ihnen vorhandenen Hardware harmoniert. Auch die verschiedenen Möglichkeiten zum Starten des Programms werden erläutert.

Buchaufbau

Im zweiten Schritt wird die Benutzeroberfläche des Programms vorgestellt.

Benutzer-oberfläche

Die folgenden 18 Schritte zeigen die grundlegenden Funktionen anhand von Beispielen oder kurzen Beschreibungen. Weiterhin erfahren Sie alles über das Verhältnis des jeweiligen Programms zu seiner Umgebung; also über die verschiedenen Möglichkeiten, Daten zu drucken, auf dem Bildschirm darzustellen, zu importieren und zu exportieren. Die letzten Schritte handeln dann von den Spezialitäten eines Programms, wie z.B. eine eingebaute Makrosprache, zusätzliche Editiermöglichkeiten oder die Palette der Zusatzprogramme von Drittherstellern. Falls zum Zeitpunkt der Drucklegung bereits Informationen über neuangekündigte Versionen des Programms vorliegen, werden diese so weit wie möglich vorgestellt.

Schritte 3 – 20

Sie sehen, ein QuickStart-Buch hilft Ihnen Geld und Zeit zu sparen.

Der SYBEX-Verlag ist sehr an Ihrer Reaktion auf diese Reihe interessiert; teilen Sie uns doch bitte Ihre Meinung zu diesem QuickStart-Buch mit. Ihre Erfahrungen nutzen allen Lesern und damit letztlich auch wieder Ihnen. Vielen Dank.

Der SYBEX-Verlag

Vorwort

Windows ist das Computer-Cockpit, von dem aus der Benutzer alle Möglichkeiten des Rechners mit einem Knopfdruck zur Verfügung hat. Dieser Knopf ist der linke Mausknopf.

Ebenso wie die Piloten ultramoderner Flugzeuge wird der Windows-Anwender visuell durch grafische Symbole schnell und sicher durch die Vielfalt der Funktionen geleitet.

Analog zur realen Bürowelt stehen Ihnen unter Windows elektronische Arbeitsmittel wie Kalender, Kartei und Notizblock gleichzeitig zur Verfügung. Wie Windows selbst können Sie auch alle Anwendungen in der gleichen intuitiven Weise bedienen.

Nach kurzem Schnuppern in Windows erlernen Sie mit diesem Buch die ersten Anwendungen wie im Flug. Gerade durch die Hervorhebung des Wesentlichen und die praxisorientierte Anleitung können Sie mit dem Einstieg in 20 Schritten Windows unverzüglich für Ihre tägliche Arbeit nutzen.

Durch die Zukunftsorientierung von Windows erschließen Sie sich die gleichartige Benutzeroberfläche von OS/2 und Unix/X/Windows. Mit nur geringem zusätzlichem Lernaufwand beherrschen Sie die Windows-basierenden Hochleistungsprogramme für Desktop Publishing, Tabellenkalkulation und Computer Aided Design wie Ventura Publisher, Excel und In*a*Vision.

Ich hoffe, Ihnen mit diesem Buch das zeitraubende Studium der umfangreichen Originaldokumentation vollständig zu ersparen und wünsche Ihnen viel Spaß und Erfolg beim Fensterln.

Gabriele Wentges, im Juli 1989

Inhaltsverzeichnis

 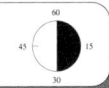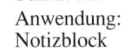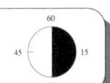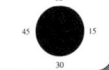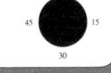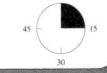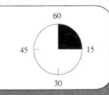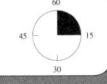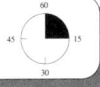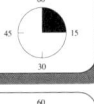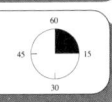

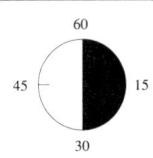

Vor der ersten Arbeitssitzung mit Windows muß das Programm an den vorhandenen Computer und seine Ausstattung angepaßt werden. Die Firma Microsoft stellt hierfür das Programm "Setup" zur Verfügung, das die Installation im Dialog mit dem Benutzer weitgehend automatisch vornimmt.

Hardware-Voraussetzungen

Windows bis zur Version 2.0 läuft auf allen PC-Kompatiblen, d. h. XT- und AT-Rechnern, sowie auf 80386/486-Rechnern, und zwar unabhängig von dem verwendeten BUS-System, also auch auf den Systemen PS/2.

Rechner

Ab Windows 2.1 gibt es spezielle Versionen, die für die Intel-Prozessoren 80286 und 80386 optimiert sind. Diese Versionen mit den Namen Windows/286 und Windows/386 laufen nur auf Rechnern, die über einen entsprechenden Prozessor verfügen. Dabei wird allerdings die Aufwärtskompatibilität beibehalten, so daß Windows/286 auch auf Rechnern mit den Prozessoren 80386 und 80486 einsetzbar ist.

Als Grafikkarte sollten Sie mindestens eine Hercules-kompatible bzw. eine EGA- oder VGA-kompatible Karte zusammen mit einem geeigneten hochauflösenden und flimmerfreien Bildschirmmonitor zur Verfügung haben. Von der Verwendung einer CGA-Karte und einem entsprechenden Monitor ist abzuraten.

Grafikkarte

Monitor

Weiterhin ist für ein sinnvolles Arbeiten eine Festplatte mit mindestens 2 MByte freiem Speicherplatz erforderlich. Als Einstiegslösung zum Ausprobieren und Testen reichen allerdings auch ein bis zwei schnelle Diskettenlaufwerke mit hoher Schreibdichte aus. Von der Verwendung von Diskettenlaufwerken mit einfacher Schreibdichte ist abzuraten.

Festplatte

Drucker

Für die Druckausgabe können alle marktgängigen Drucker eingesetzt werden, die variable Zeichenfonts und Grafikausgaben unterstützen.

Sicherungskopien

Vor der eigentlichen Installation ist es ratsam, zuvor Sicherungskopien der Windows-Disketten anzufertigen. Bei zwei vorhandenen Diskettenlaufwerken wird der Kopiervorgang mit dem Befehl

```
DISKCOPY A: B:
```

ausgelöst und bei nur einem Laufwerk mit dem Befehl

```
DISKCOPY
```

wobei Sie den Datenträger im Laufwerk A nach Aufforderung wechseln müssen. Befolgen Sie die am Bildschirm erscheinenden Anweisungen, bis alle Windows-Disketten kopiert sind.

Starten von Setup

Setup

Legen Sie für die Installation die Windows-Einrichtungsdiskette, die das Setup-Programm enthält, in das Laufwerk A ein. Die Installation wird mit

```
SETUP <Eingabetaste>
```

gestartet.

Stellen Sie nun anhand der Systemdokumentation fest, welcher Grafikadapter, welcher Maustyp, welcher Drucker und Druckeranschluß und welche Speichererweiterung in Ihrem System vorhanden ist, und drücken Sie dann auf die Eingabetaste. Falls Sie über einen ausgefallenen Grafikadapter verfügen, müssen Sie nach den Anweisungen des entsprechenden Herstellers den mitgelieferten Spezialtreiber für Windows installieren. Die Anfrage, wo Windows installiert werden soll, beantworten Sie mit

```
C:\WINDOWS     bzw.
D:\WINDOWS
```

falls Sie Windows auf der Festplatte C oder D einrichten wollen.

Wenn Sie Windows als Diskettensystem betreiben wollen, geben Sie bitte

Disketten

```
B:\WINDOWS
```

ein. Halten Sie zwei leere Disketten mit hoher Schreibdichte bereit. Sie können jedoch später bei Bedarf durch Weglassen von nicht benötigten Anwendungen wie REVERSI und Druckerfonts Ihr Windows-System auf eine einzige Arbeitsdiskette zusammenkopieren.

Drücken Sie nach der Angabe des Laufwerks und des Unterverzeichnisses die <Eingabetaste>, und folgen Sie den Anweisungen des Installationsprogramms. Windows fragt nach dem Computertyp, den Sie verwenden. Dies wird in der Regel die voreingestellte Antwort "AT und Kompatible" sein, so daß Sie dies nur mit der <Eingabetaste> bestätigen müssen. Die anderen Rechnermodelle können Sie mit Hilfe der Pfeiltaste <↓> auswählen.

Verzeichnis

Daraufhin stellt Windows automatisch fest, welcher Grafikadapter, welche Tastatur und welcher Maustyp vorhanden ist. Falls Sie keine Fehler feststellen, quittieren Sie die Einstellung mit der <Eingabetaste>.

Speichererweiterungen

Bestimmte Speichererweiterungen, wie z.b. die Intel- oder die AST-Karte, und Hauptplatinen, die mit mehreren MBytes Speicherchips ausgestattet sind, erkennt Windows automatisch. In diesem Fall brauchen Sie wieder nur die Voreinstellung von Windows durch Drücken der <Eingabetaste> zu bestätigen.

Speicher

Sie können anschließend entscheiden, ob Sie einen Teil dieses Zusatzspeichers für die Optimierung von Plattenzugriffen durch das Windows-Programm Smartdrive einsetzen wollen. Ansonsten müssen Sie die Frage nach einem eventuell vorhandenen, jedoch Windows nicht bekannten Erweiterungsspeichertyp mit ANDERE beantworten. Wenn Sie nicht über eine

Speichererweiterung verfügen, wählen Sie statt dessen die Antwort KEINE. Für nicht von Windows unterstützte Speicherweiterungen müssen Sie in der Datei CONFIG.SYS für den vom Kartenhersteller mitgelieferten Treiber eine Zeile mit dem Eintrag

```
DEVICE = treibername
```

einrichten. Zusätzlich kopieren Sie bitte die Treiberdatei in das Grundverzeichnis. Mit dem MS-DOS-Programm Memset können Sie auch zu einem späteren Zeitpunkt zusätzliche Speichererweiterungen für Windows nutzbar machen.

Drucker

Drucker

Als nächsten Schritt fordert Windows Sie auf, einen oder mehrere Drucker, auf die Sie Ihre Druckausgaben lenken wollen, aus einer Vorschlagliste auszuwählen.

Dabei kann es unter Umständen sinnvoll sein, für einen Drucker zwei Einträge vorzunehmen, wenn dieser in verschiedenen Modi, wie z. B. EPSON- oder HP-kompatibel, betrieben werden kann. Falls Sie über einen Drucker verfügen, der nicht in der Liste der unterstützten Geräte enthalten ist, sollten Sie bei diesem Hersteller einen Treiber anfordern, falls dieser noch nicht mitgeliefert wurde, und den Treiber dann entsprechend der Herstellerangaben installieren.

Sie können jedoch noch später über die Windows-Anwendung SYSTEMST weitere Drucker für Windows definieren.

Im übrigen folgen Sie bitte den Anweisungen des Setup-Programms, bis alle Disketten von Windows bearbeitet wurden.

Starten von Windows

Wenn Sie bei der Installation der Veränderung der AUTOEXEC-Prozedur zugestimmt haben, brauchen Sie zum Start von Windows nur

WIN

```
WIN
```

einzugeben und anschließend die <Eingabetaste> zu drücken.

Andernfalls müssen Sie zuvor noch mit

```
CD \WINDOWS
```

in das Windows-Verzeichnis wechseln, falls Sie als Verzeichnisnamen "Windows" gewählt haben, was wir Ihnen empfehlen. Falls Sie einen anderen Namen gewählt haben, wie z. B. WINDOWS.286, notieren Sie diesen Namen bitte in Ihrem Handbuch.

Beenden von Windows

Wenn Sie das Windows-Programm wieder verlassen wollen, können Sie als Kurzform die Tastenkombination <Alt><F4> und anschließend die <Eingabetaste> drücken.

Schritt 2:
Benutzeroberfläche: Überblick

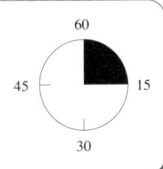

Im zweiten Schritt stellen wir Ihnen in einem Überblick die Benutzeroberfläche von Windows vor, die ein herausragendes Merkmal dieser Software ist.

Die Benutzeroberfläche einer Anwendung wird durch den Stil ihrer Bildschirmanzeigen und die Steuerungsmöglichkeiten für den Benutzer charakterisiert. Eine gute Benutzeroberfläche erschließt die Mächtigkeit einer Anwendung, unterstützt den Benutzer in seiner aufgabenorientierten Arbeit und schirmt ihn gegen die Komplexität der im Rechner ablaufenden DV-Prozesse ab.

Elemente der Benutzeroberfläche

Die Handhabung von Windows-Anwendungen und die Kommunikation des Anwenders mit Windows selbst geschieht in einer einheitlichen Art und Weise. Der Benutzer findet sich durch die stets gleichartige Aufmachung der Bildschirmanzeige mit grafischen Struktur- und Leitelementen sowie Sinnbildern rasch in allen Windows-Anwendungen zurecht.

Sinnbilder

Die Windows-Benutzeroberfläche unterstützt in hohem Maße objektorientiertes Arbeiten. Die Auswahl von Anwendungen, die Eingabe von Befehlen und die Bearbeitung von Dokumenten und Grafiken können weitgehend durch Zeigen mit dem Mauszeiger und Betätigung der Maustaste vorgenommen werden.

Anwendungen und Fenster

Jeder Anwendung wird dabei ein eigener durch eine Umrahmung abgegrenzter Bildschirmbereich zugeteilt. Diese "Fenster" oder englisch "Windows" genannten Bereiche verfügen

Fenster

über einen unabhängigen Satz an Steuerungsmöglichkeiten und Elementen zur Kommunikation mit dem Benutzer.

Zusätzlich gibt es fensterübergreifende Befehle, die das Öffnen, Schließen, Vergrößern, Verkleinern, Verschieben und Wechseln zwischen Fenstern beinhalten.

Darüber hinaus können Arbeitsergebnisse durch Ausschneiden von einer Anwendung in eine andere übernommen werden, und es ist möglich, eine Anwendung ohne Ein- und Ausgabe auf dem Bildschirm, also ohne Zuordnung eines eigenen Fensters, im Hintergrund ablaufen zu lassen.

Schreibtisch

Sie finden am schnellsten Zugang zur Windows-Welt, wenn Sie sich Windows als einen elektronischen Schreibtisch vorstellen, auf dem sich verschiedene Ordner, Bücher und Notizzettel befinden. Diese Arbeitsunterlagen werden durch die Anwendungsfenster repräsentiert. Sie können geöffnet oder geschlossen werden, sie können übereinanderliegen und umgeschichtet werden, und Sie können in ihnen blättern oder Eintragungen vornehmen. Genauso wie in Papierunterlagen können Inhalte von Anwendungsfenstern ausgeschnitten, eingeklebt oder kopiert werden.

Sie werden bald feststellen, daß im elektronischen Büro manches schneller und eleganter von der Hand geht. Windows eröffnet darüber hinaus Möglichkeiten, die in der klassischen Papierwelt konventioneller Büros praktisch nicht realisierbar sind.

Schritt 3:

Benutzeroberfläche: Fenster

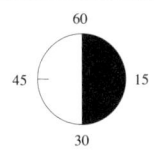

In diesem dritten Schritt lernen Sie das Kernstück von Windows kennen, dem es seinen Namen verdankt. Die Fenster sind eine feste Form für die Darstellung von Ein- und Ausgaben der Anwendungen auf dem Bildschirm Ihres Computers.

Alle Anwendungsfenster in Windows sind in gleicher Weise aus einem einheitlichen Satz von Strukturelementen aufgebaut. Jedoch sind nicht alle Elemente in jeder Windows-Anwendung enthalten, und bei einigen wenigen Elementen gibt es auch leichte Unterschiede zwischen den Anwendungen.

Es genügt aber, wenn Sie nach dem Durcharbeiten dieses Schrittes den prinzipiellen Aufbau der Fenster und die Funktionen der einzelnen Elemente verstanden haben.

In*a* Vision

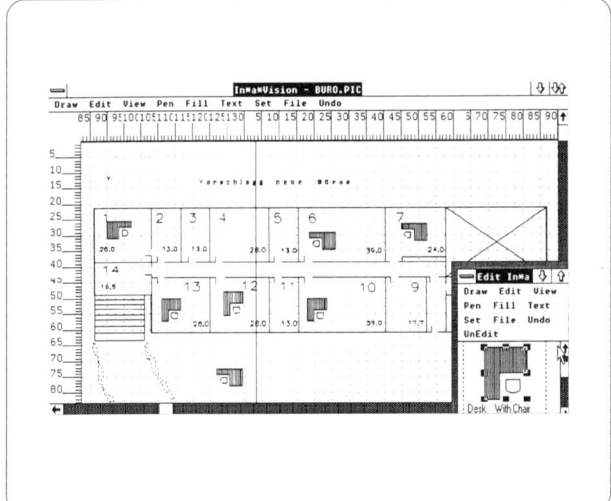

Abb. 3.1: Beispiel für ein Anwendungsfenster

Als Beispiel betrachten wir einmal einen Bildschirmabdruck aus einer Anwendungssituation des Programms In*a*Vision, der die Einrichtung eines Büros zeigt (Abbildung 3.1).

Dieses Beispiel läßt die klare Strukturierung von Windows-Anwendungen erkennen. Sie sehen auch, wie sich Fenster überlagern können.

Das Fenster mit den Büromöbeln liegt über dem Fenster mit dem Büroplan.

Aus dem Büromöbel-Fenster können Sie beispielsweise einzelne Möbelschablonen auswählen und in den Büroraum einkopieren.

Die Fensterelemente

Der Bildschirm unter Windows kann eins oder mehrere Fenster enthalten.

*Fenster-
aufbau*

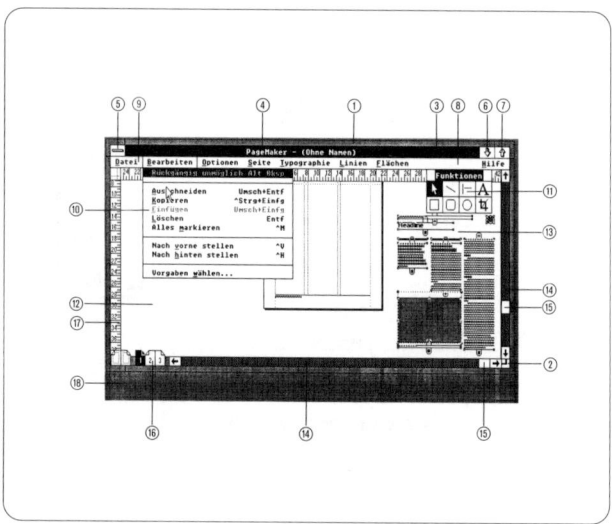

Abb. 3.2: Schematischer Fensteraufbau

Der typische Fensteraufbau ist in der Abbildung 3.2 schematisch wiedergegeben.

Erläuterungen

(1) Fensterrahmen, der bis auf die Vollbilddarstellung immer Bestandteil eines Fensters ist und zum Abgrenzen sowie zum Verändern des Fensters dient.

Fensterrah-men

(2) Anfasser in den Eckpunkten des Rahmens zum Vergrößern oder Verkleinern des Fensters.

Anfasser

(3) Titelleiste mit der Bezeichnung der Anwendung (4) und den globalen Fenster-Steuerfeldern (5), (6) und (7).

Titelleiste

Durch Anwahl der Titelleiste kann ein Fenster verschoben oder eine Anwendung aktiviert werden.

(4) Name der Anwendung, zu der dieses Fenster gehört.

Anwen-dungsname

(5) Steuerungsmenüfeld, über das ein Steuerungsmenü aufgerufen werden kann, das die folgenden Optionen enthält:

```
Wiederherstellen
Bewegen
Größe ändern
Sinnbild
Vollbild
Schließen
```

(6) Sinnbildfeld dient zur Reduzierung des Fensters auf ein Sinnbild, ohne daß dabei die Anwendung beendet wird.

Sinnbildfeld

(7) Vollbildfeld stellt den ganzen Bildschirm für die Anzeige eines Fensters zur Verfügung.

Vollbildfeld

(8) Menüleiste wird zur Auswahl von Anwendungsmenüs und zum Aufruf von Hilfefunktionen verwendet.

Menüleiste

Die verfügbaren Menüs hängen von der jeweiligen Anwendung ab. Sie umfassen in der Regel jedoch mindestens die beiden Menüs "Datei" und "Bearbeiten".

(9) Das Menü "Datei" enthält meistens die folgenden Menüpunkte:

Neue Datei, Laden, Speichern, Drucken, Über die Anwendung, Ende

Außerdem können Sie hier in verschiedenen Anwendungen noch die folgenden Menüpunkte finden:

Ausführen, Information, Öffnen, Verknüpfte Dateien laden, Speichern unter, Bereich speichern, Alte Fassung, Übertragen, Schließen, Löschen, Umbenennen, Seite einrichten, Positionieren, Druckerauswahl, Druckereinrichtung

Das Menü "Bearbeiten" enthält meistens die folgenden Menüpunkte:

Rückgängig, Ausschneiden, Kopieren, Einfügen, Löschen

Außerdem können Sie hier in verschiedenen Anwendungen noch die folgenden Menüpunkte finden:

Wiederholen, Alles markieren, Inhalte löschen, Inhalte einfügen, Verknüpfen und Einfügen, Leerfelder, Rechts ausfüllen, Unten ausfüllen, Nach vorne stellen, Nach hinten stellen, Vorgaben wählen, Bild verschieben, Bildgröße ändern

Außer "Datei" und "Bearbeiten" können Sie in der Menüleiste folgende weitere Menüs finden:

Optionen, Formel, Text, Daten, Schriftart, Format, Makro, Fenster, Seite, Linien, Fläche, Sonstiges, Liste, Ansicht, Suchen, Karte, Edit, Undo, Schriftgrad, Stil, Palette, Absatz, Gehe zu, Wecker, Hilfe

(10) Auswahlmenü oder nach dem Englischen "Pull-Down-Menü", das alle Auswahlpunkte des Menüs aufführt. Die Menüpunkte können mit der Tastatur oder mit der Maus ausgewählt werden.

Für häufig benutzte Optionen wird eine Tastatur-Kurzform angeboten. Die jeweils zu verwendende Tastenkombination steht hinter dem zugehörigen Menüpunkt. Das

Auswahlmenü wird unmittelbar unter oder bei tiefer Fensterlage auch über dem zugehörigen Menüpunkt angezeigt.

(11) Funktionsmenü mit grafischen Sinnbildern, die anschaulich häufig verwendete Funktionen als Piktogramme darstellen. Diese Sinnbilder repräsentieren meist Hilfsmittel aus der klassischen Bürowelt, wie z. B. Lupe, Bleistift, Radiergummi, Schere, Pinsel, Klebstoff, aber auch solche, die nur in einem elektronischen Büro realisierbar sind. *Funktionsmenü*

Für einige Anwendungen übernimmt eine Bearbeitungszeile direkt unterhalb der Menüleiste ähnliche Aufgaben wie das Funktionsmenü. Bei einer Tabellenkalkulation wie EXCEL können Sie in der Bearbeitungszeile Formeln und Zellentexte editieren.

(12) Arbeitsfläche, auf der Texte, Grafiken und andere zu bearbeitende Objekte angezeigt, verändert und bewegt werden können. Bei grafischen Anwendungen können die Objekte die Arbeitsfläche, die dann auch Zeichen- oder Montagefläche genannt wird, ganz oder teilweise ausfüllen. *Arbeitsfläche*

(13) Objekt bzw. Objektausschnitt in Bearbeitung auf der Arbeitsfläche. Das kann eine Seite einer Tabelle, ein Dokument, ein Blatt mit einer Zeichnung, ein Photo oder ein Text bzw. ein Ausschnitt davon sein. *Objekt*

(14) Laufleisten dienen dazu, die Ausschnitte für Objekte zu positionieren, die in vertikaler oder horizontaler Richtung über die Fensterfläche hinausragen. Entsprechend gibt es vertikale und horizontale Laufleisten. *Laufleisten*

(15) Die Läufer genannten hellen Rechtecke auf der Laufleiste zeigen die relative Lage des Bildausschnittes über dem Objekt an. *Läufer*

(16) Seitensinnbilder dienen dazu, in Objekten, die aus mehreren Seiten bestehen, zu blättern. Die aktuelle Seite wird hervorgehoben. Über die Seitensinnbilder ist auch ein ge- *Seite*

zielter Sprung zu einer Seite möglich. Sie befinden sich links von der horizontalen Bildlaufleiste.

Anstelle von Seitensinnbildern verwenden einige Anwendungen eine Seitenleiste unterhalb der horizontalen Laufleiste, in der die aktuelle Seitennummer angezeigt wird.

Diese Seitenleiste wird von EXCEL und anderen Programmen als generelle Kommunikationsleiste für Hinweise verwendet.

Maße (17) Bemaßungen dienen dazu, ein maßgenaues Arbeiten zu unterstützen. Sie werden am linken und oberen Rand der Arbeitsfläche eingeblendet. Die Bemaßung wird häufig durch eine entsprechende Rasterung der Arbeitsfläche ergänzt.

Statt einer Bemaßung und Rasterung wird von manchen Anwendungen eine Strukturierung der Arbeitsfläche in Zeilen und Spalten vorgenommen.

Kommunika- (18) Kommunikationsleiste für Hinweise, Verarbeitungsart
tionsleiste und Programmstatus. Diese Zeile befindet sich, falls vorhanden, unmittelbar oberhalb des Bildrandes.

Beispiel eines Anwendungsfensters

REVERSI Ein einfaches Beispiel für ein Fenster stellt das mit Windows ausgelieferte Spiel REVERSI dar (siehe Abbildung 3.3).

Das zu bearbeitende Objekt ist das REVERSI-Spielbrett mit darauf zu plazierenden Spielsteinen.

Es befindet sich in der Mitte der Arbeitsfläche und wird von einem Rahmen eingeschlossen.

In der Titelleiste steht der Name "Reversi". Links davon befindet sich das Steuerungsmenüfeld und rechts davon das Sinnbildfeld und das Vollbildfeld.

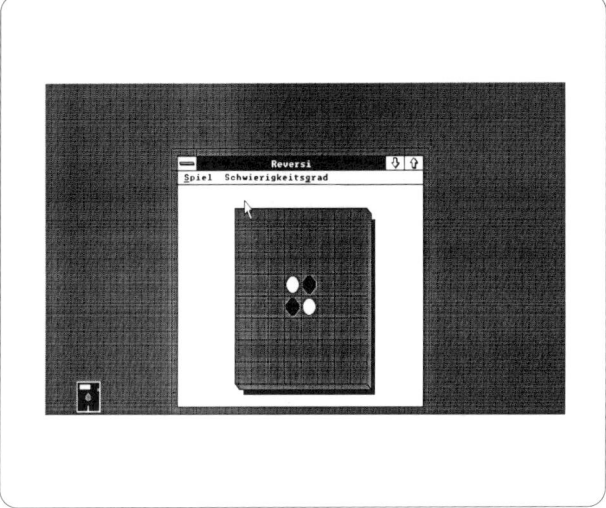

Abb. 3.3: Anwendungsfenster REVERSI

Die Menüleiste enthält die beiden Menüs "Spiel" und "Schwierigkeitsgrad".

Das Pull-Down-Menü "Spiel" umfaßt die Menüpunkte:

```
Hinweis
Passen
Neu
Ende
Über Reversi
```

Menü "Spiel"

Das Auswahlmenü "Schwierigkeitsgrad" stellt die folgenden Schwierigkeitsstufen zur Verfügung:

```
Anfänger
Fortgeschrittener
Experte
Meister
```

*Menü
"Schwierig-
keitsgrad"*

Auf der Meisterstufe spielt der Computer mit der größten Spielstärke.

Dialogfenster

Nach Aufruf der Option "Über Reversi" aus dem Menü "Spiel" wird ein sogenanntes Dialogfenster eingeblendet, das einen Version- und Copyright-Hinweis gibt (siehe Abbildung 3.4).

Dialog

Dialogfenster sind abgegrenzte fensterähnliche Bereiche, die vom Benutzer nicht verändert werden können. Sie enthalten zumeist Hinweise, fordern zum Ankreuzen von Optionen im Multiple-Choice-Verfahren auf und erwarten vom Benutzer eine Quittierung. Diese lautet in unserem Beispiel "Ok", kann aber auch eine Wahlmöglichkeit mit "Ja", "Nein" bzw. "Abbrechen" enthalten.

Ein Dialogfenster ist ein fester Bestandteil eines Anwendungsfensters und muß immer zuerst beantwortet werden, bevor eine Weiterarbeit im betreffenden Fenster möglich ist.

Dialogfenster treten vornehmlich in Fehlersituationen auf oder wenn vor dem Beginn eines Verarbeitungsschrittes eine größere Anzahl von Voreinstellungen notwendig wird.

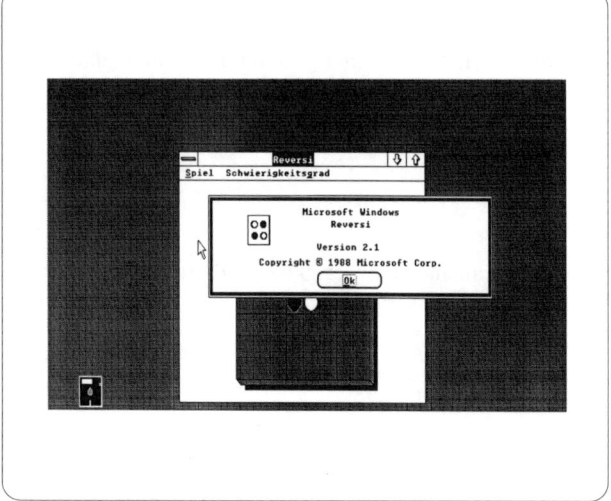

Abb. 3.4: Dialogfenster in REVERSI

Unterfenster

Außer Dialogfenster können in einem Fenster abhängige Unterfenster auftreten. Diese Fenster gehören ebenso zu derselben Anwendung wie das Hauptfenster und können ohne dieses nicht existieren. Falls das Hauptfenster geschlossen wird, werden die Unterfenster ebenfalls geschlossen.

Unterfenster/Hauptfenster

Ansonsten können Unterfenster wie normale Fenster geöffnet, geschlossen, verändert und bewegt werden. Hierfür stehen ähnlich lautende Befehle wie für normale Fenster zur Verfügung.

Die Anwendung EXCEL, ein Kalkulations- und Grafikprogramm, macht intensiven Gebrauch von Unterfenstern.

So wird die gleichzeitige Anzeige verschiedener Tabellenbereiche für sehr große Berechnungsschemata, die gleichzeitige Anzeige von Ergebniswerten sowie von Notizen zu einzelnen Formeln und Datenfeldern ermöglicht (siehe Abbildung 3.5).

Excel

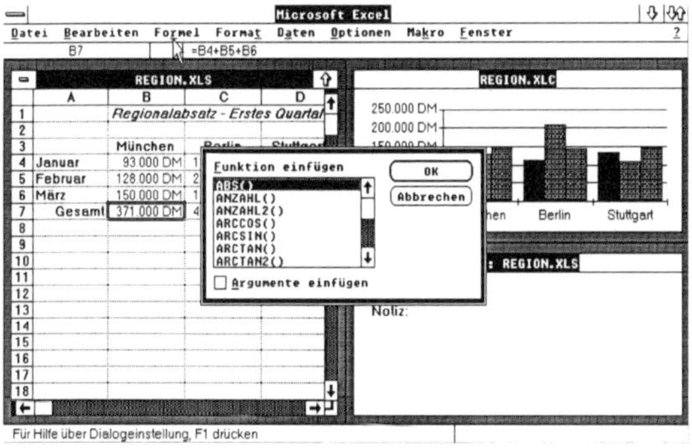

Abb. 3.5: Anwendungsfenster mit Unterfenstern

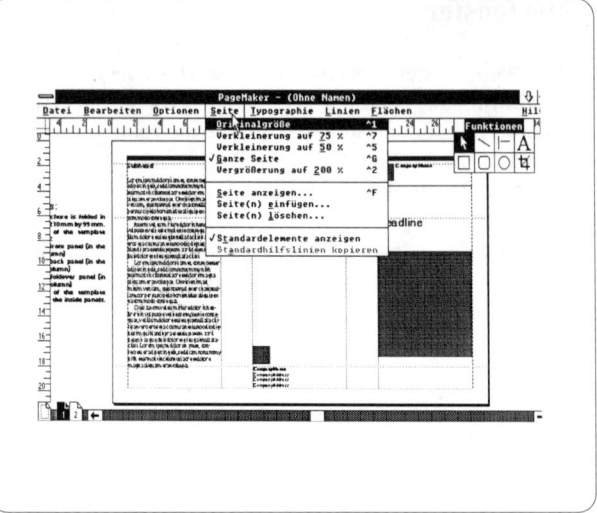

Abb. 3.6: Anwendungsfenster PAGEMAKER

Fenstertypen

In dem Beispiel der Abbildung 3.5 wird die Auswertung einer regionalen Vertriebsstatistik mit einem Tabellenfenster, einem Unterfenster mit Balkengrafik und einem Notizfenster für das Feld B2 in der Tabelle gezeigt.

Darüber ist ein Dialogfenster eingeblendet, über das für das Feld B2 eine Funktion ausgewählt werden kann.

Das Tabellenfenster in unserem EXCEL-Beispiel ist mit horizontalen und vertikalen Laufleisten ausgestattet. Die Arbeitsfläche des Fensters ist in Zeilen und Spalten eingeteilt.

Als weiteres Beispiel für ein typisches Anwendungsfenster betrachten wir die Abbildung 3.6, in der die Anwendung PAGEMAKER gezeigt wird.

Die Arbeitsfläche von PAGEMAKER ist mit einem Zeilen- und Spaltenlineal als Bemaßung versehen. Ein grafisches Funktionsmenü bietet verschiedene Layout-Funktionen an. Über Seitensinnbilder können alle Seiten des auf der Arbeitsfläche befindlichen Dokumentes direkt angewählt werden.

Als Zwischenablage für Texte und Bilder des in Bearbeitung befindlichen Dokumentes wird bei PAGEMAKER die restliche Arbeitsfläche verwendet, wie das links vom Dokument ersichtliche Textfragment erkennen läßt.

Schritt 4:

Benutzeroberfläche:
Windows-Bildschirm

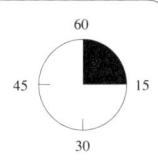

In diesem Schritt zeigen wir Ihnen, wie Windows das gleichzeitige Arbeiten mit verschiedenen Anwendungen unterstützt. Windows erlaubt nicht nur, innerhalb einer Anwendung verschiedene Unterfenster, sondern auch für mehrere Anwendungen jeweils eigene Fenster zur gleichen Zeit anzuzeigen. Sie werden sehen, welche Möglichkeiten Windows für das Arbeiten mit mehreren Fenstern bereitstellt.

Anordnung von Fenstern

Ein Fenster kann in Windows den ganzen Bildschirm für sich einnehmen, es kann aber bei Bedarf verkleinert werden, so daß es nur einen Teil des Bildschirms ausfüllt (siehe Abbildung 4.1).

Fenstergrösse

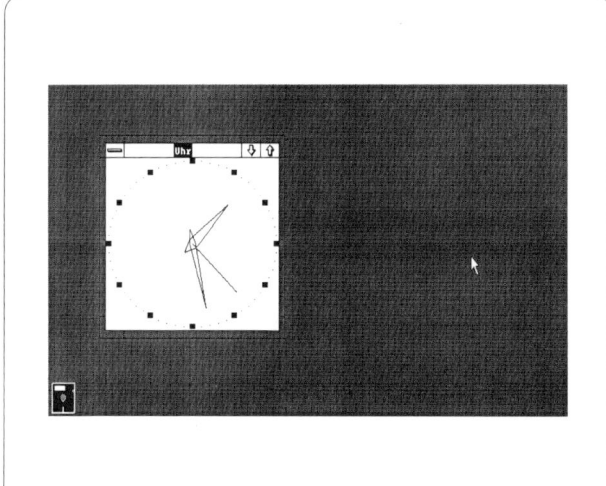

UHR

Abb. 4.1: Die Anwendung UHR

21

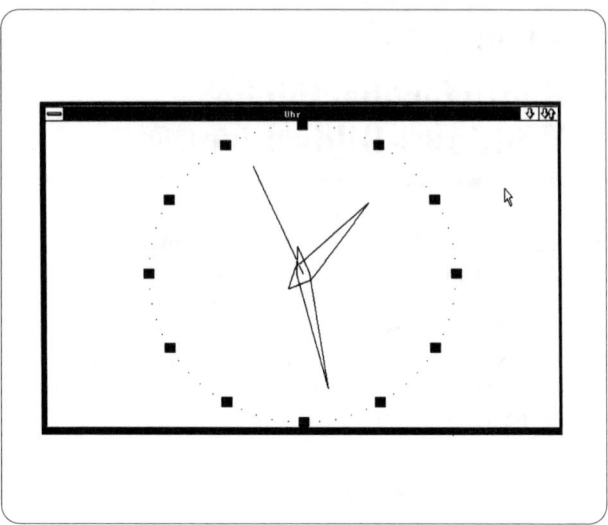

Abb. 4.2: Die Anwendung UHR als Vollbild

Das Beispiel aus der Abbildung 4.1 zeigt das Fenster für die Anwendung UHR auf dem ansonsten fast leeren Bildschirm.

Vollbild

Vollbild

Das UHR-Fenster kann mit Hilfe der Funktion Vollbild über das Vollbildfeld in der Titelzeile auf volle Bildschirmgröße erweitert werden (siehe Abbildung 4.2).

Sinnbild

Sinnbild

Umgekehrt verschwindet das UHR-Fenster nach Auswahl der Funktion Sinnbild über das Sinnbildfeld in der Titelleiste, und auf dem Bildschirm sind nur noch zwei "Icons" oder "Sinnbilder" genannte Piktogramme sichtbar (siehe Abbildung 4.3).

Das eine Sinnbild sieht wie eine Diskette aus und steht für die Anwendung MSDOS, das andere repräsentiert das eben geschlossene Fenster der Anwendung UHR.

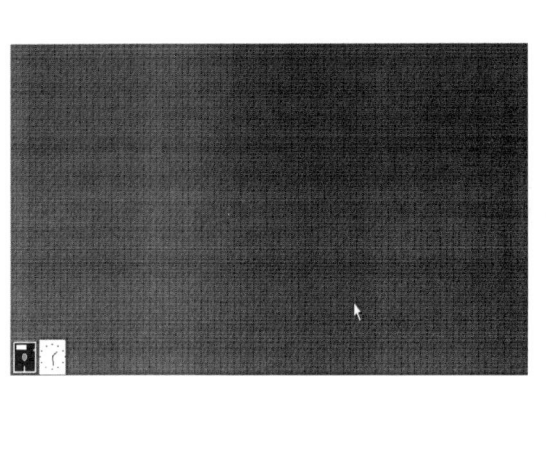

Abb. 4.3: Bildschirm mit zwei Sinnbildern

Die Sinnbilder für Anwendungen, die in Windows gerade präsent sind, deren Fenster aber gerade geschlossen sind, werden am unteren Rand des Windows-Bildschirms abgelegt. Sie können vom Benutzer aber nach Belieben verschoben werden.

Durch Anwahl eines Sinnbildes kann das Fenster für eine Anwendung wieder geöffnet werden. Dabei hat der Benutzer die Wahl, das Fenster in alter Größe bzw. in Standardgröße zu öffnen oder als Vollbild, das den ganzen Bildschirm umfaßt.

Mehrere Fenster

Auf dem Windows-Bildschirm findet auch mehr als ein Fenster Platz (siehe Abbildung 4.4).

Sie sehen in der Abbildung 4.4 mehrere RECHNER- und UHR-Fenster. Es mag nicht sinnvoll erscheinen, mehrere Uhren gleichzeitig auf dem Bildschirm anzuzeigen. Es ist jedoch eine Demonstration dafür, daß in Windows mehrere Anwendungen gleichzeitig ablaufen können. Für manche Anwendungen kann

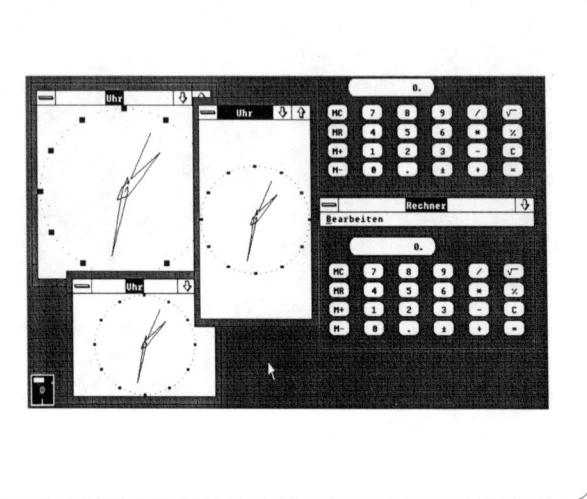

Abb. 4.4: Mehrere Anwendungsfenster

es sogar praktisch sein, gleichzeitig mehrere Kopien der Anwendung für unterschiedliche Aufgaben einzusetzen.

Wenn mehrere Anwendungen gleichzeitig über offene Fenster auf dem Bildschirm verfügen, muß geklärt werden, mit welchem Fenster der Benutzer einen Dialog führen kann und will.

Aktives Fenster Aus diesem Grund ist stets nur ein Fenster aktiv, d.h. dieses kann einen Dialog mit dem Benutzer führen, Meldungen ausgeben, Ergebnisse anzeigen und Kommandos des Benutzers entgegennehmen. Das aktive Fenster ist deutlich durch eine dunkle Hinterlegung der Titelzeile gekennzeichnet.

Durch Anwahl mit der Maus bzw. durch Tastendruck ist es für Sie möglich, ein bestimmtes Fenster gezielt anzuwählen.

Sie können das Fenster durch Ziehen mit dem Mauszeiger an den Anfassern oder am Fensterrahmen bzw. mit den Richtungstasten der Tastatur auf dem Windows-Bildschirm in beliebige Richtungen dehnen und stauchen.

Auch ein Verschieben der Fenster auf dem Windows-Bild-schirm durch Ziehen an den Titelbalken mit der Maus oder mit den Richtungstasten ist möglich.

Dabei kommt es natürlich vor, daß sich Fenster gegenseitig überlagern. Wenn Sie in einer solchen Situation ein teilweise verdecktes Fenster mit der Maus oder über Tastaturbefehle an-wählen, wird es automatisch auf den obersten Platz im Stapel der Fenster plaziert.

Das aktive Fenster befindet sich immer im Vordergrund und überlagert die Fenster, die sich im gleichen Bildschirmbereich befinden (siehe Abbildung 4.5).

Mit Tastaturbefehlen ist es möglich, die Fenster auf der Arbeits-fläche sozusagen durchzublättern und auf diese Weise auch durch andere Fenster völlig verdeckte Fenster anzusprechen. Alternativ dazu können verdeckte Fenster durch Wegziehen bzw. Verkleinern der überlagernden Fenster zugänglich ge-macht werden.

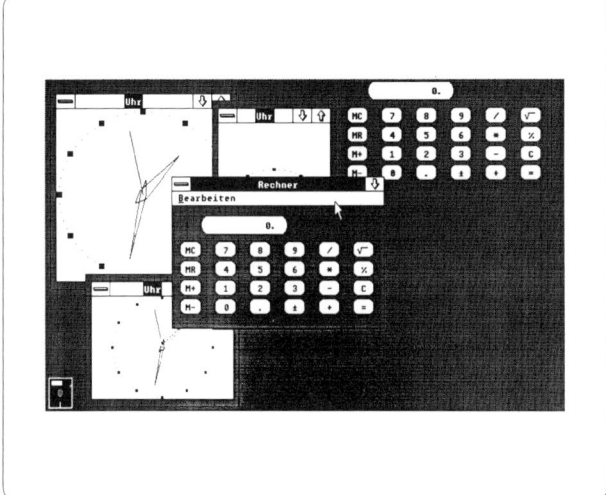

Abb. 4.5: Überlagerte Fenster

Die Fläche, auf der Fenster verschoben werden können, ist logisch größer als der angezeigte Bildschirm. Daher ist es möglich, Fenster aus dem Windows-Bildschirm vertikal und horizontal hinauszuschieben.

Schritt 5:

Starten und Beenden

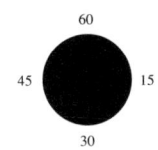

Nachdem Sie nun ausführlich über die komfortable Benutzeroberfläche von Windows und die dahinterliegende Philosophie
informiert sind, beginnen wir in diesem Schritt mit der prakti-
schen Anwendung des Programms. Als erstes lernen Sie, wie
Windows und Windows-Anwendungen gestartet und beendet
werden.

Start von Windows

Start

Bei der Beschreibung der Vorgehensweise gehen wir davon
aus, daß Sie Windows auf einer Festplatte installiert haben und
dabei nach Ihrer Zustimmung die AUTOEXEC-Prozedur so
verändert wurde, daß ein Start mit dem Kommando WIN möglich ist. Führen Sie nun die folgenden Arbeitsschritte durch:

1. Schalten Sie Ihren PC ein, und geben Sie, falls eine ent-
    sprechende Aufforderung erfolgt, Datum und Uhrzeit ein.

2. Ihr Rechner zeigt jetzt eine Eingabeaufforderung an, die in
    der Regel wie folgt aussieht:

    C>

    Anmerkung: Alle Tastennamen in diesem Buch werden in
    spitze Klammern gesetzt, wenn verdeutlicht werden soll,
    daß Sie die betreffende Taste drücken sollen.

Die Aufforderung zum Drücken der Eingabetaste, die
auch häufig mit "Return" oder "Enter" beschriftet ist,
schreiben wir als <Eingabetaste>. Diese Taste finden Sie
am rechten Rand des alphabetischen Teils der Tastatur
und manchmal zusätzlich am rechten Rand des Ziffernblocks. Sie ist oft als Winkel ausgebildet oder mit einem
nach links abgeknickten Pfeil gekennzeichnet.

Eingabetaste

Tastenfolge	Wenn Sie mehrere Tasten als Folge hintereinander drücken sollen, führen wir die entsprechenden Tastennamen jeweils durch Kommas getrennt auf, z. B. <Eingabetaste>, <Eingabetaste>. Das bedeutet, daß Sie die <Eingabetaste> zweimal betätigen sollen.
Tastenkombination	Wenn zwei Tasten gleichzeitig gedrückt werden sollen, dann wird diese Verknüpfung der Tastennamen mit Hilfe des Pluszeichens + ausgedrückt, z. B. <Alt> + <F4>. Diese Tastenkombination bedeutet, daß Sie bei niedergedrückter <Alt>-Taste die Funktionstaste <F4> drücken sollen.

3. Tippen Sie nun hinter die Eingabeaufforderung das Kommando für den Windows-Start ein:

    WIN <Eingabetaste>

    wobei Sie Ihre Eingabe durch Drücken der <Eingabetaste> abschließen.

Nach kurzer Zeit erscheint der Vorspann der Firma Microsoft am Bildschirm, und sofort darauf öffnet sich das Fenster der Anwendung MSDOS.

Mögliche Probleme und ihre Beseitigung

Wenn Sie Windows nicht so installiert haben, daß ein direkter Start durch die Eingabe von WIN möglich ist, gehen Sie bitte folgendermaßen vor:

1. Geben Sie nach der Eingabeaufforderung

    C>

    Laufwerk   zunächst die Bezeichnung des Laufwerks ein, auf dem Sie Windows eingerichtet haben, also A oder B, und setzen Sie einen Doppelpunkt dahinter:

    C>A: <Eingabetaste>

    oder

    C>B: <Eingabetaste>

2. Wechseln Sie in das richtige Unterverzeichnis:

*Unterver-
zeichnis*

```
CD \WINDOWS
```

Wenn jetzt die Meldung "invalid directory" erscheint, prü-
fen Sie bitte nach, ob Sie bei der Installation von Windows
einen anderen Verzeichnisnamen gewählt haben, und geben Sie diesen statt dessen ein. Wenn Sie sich jedoch an
diesen Namen nicht mehr erinnern können, schauen Sie
sich das Inhaltsverzeichnis der aktuellen Platte mit dem
folgenden Befehl an:

*Inhaltsver-
zeichnis*

```
DIR \P
```
<Eingabetaste>

Durch Drücken der <Leertaste> können Sie in dem nun erscheinenden Inhaltsverzeichnis seitenweise vorwärts blättern. Unterverzeichnisse sind durch den Eintrag <DIR>
hinter dem Namen gekennzeichnet. Als Kontrollinforma-
tion sind zusätzlich noch Datum und Uhrzeit für den Zeitpunkt angegeben, an dem das Verzeichnis angelegt wurde.

Anmerkung: Der nach links zeigende Schrägstrich \, englisch Backslash genannt, den Sie bei einigen Befehlen eingeben müssen, ist bei einigen Tastaturen etwas umständ-
lich zu erreichen. Meistens müssen Sie hierfür die Tastenkombination <Alt> + <Strg> + <<> drücken.

Backslash

Falls Sie damit Schwierigkeiten haben, können Sie alternativ bei niedergedrückter <Alt>-Taste nacheinander die
Ziffern <9> und <2> auf dem Ziffernblock drücken. Sie
dürfen dabei die <Alt>-Taste zwischendurch nicht loslassen und auch nicht die Zifferntasten auf dem alphabetischen Teil der Tastatur benutzen.

3. Rufen Sie jetzt Windows auf:

```
WIN
```
<Eingabetaste>

Falls bei der Installation nichts anderes vereinbart worden
ist, erscheint nach dem Start von Windows immer zuerst
die Anwendung MSDOS, die in Schritt 14 detailliert beschrieben wird. Aus dem MS-DOS-Fenster heraus können
Sie jetzt weitere Anwendungen starten.

*MS-DOS-
Fenster*

Start von Anwendungen

Zum Aufrufen einer Anwendung gibt es verschiedene Vorgehensweisen.

Markie-
rungsbalken

1. Zuerst müssen Sie den dunklen Markierungsbalken mit der Maus oder mit den Richtungstasten auf dem Namenseintrag der zu startenden Anwendung positionieren.

Anfangs-
buchstaben

Noch schneller erreicht der Markierungsbalken die gewünschte Position, wenn Sie den Anfangsbuchstaben der gewünschten Anwendung eintippen.

Als Beispiel soll die UHR-Anwendung dienen. Geben Sie also den Anfangsbuchstaben <U> ein. Falls diese Anwendung nicht die erste mit diesem Anfangsbuchstaben ist, können Sie die Buchstabentaste mehrfach drücken, bis der Markierungsbalken auf der Datei UHR.EXE steht.

2. Nach dem Drücken der <Eingabetaste> erscheint das UHR-Fenster.

Fenster
schließen

<Alt> +
<F9>

Schließen eines Fensters

Sie können das UHR-Fenster wieder schließen, indem Sie die Tastenkombination <Alt> + <F9> drücken. Am unteren Bildschirmrand erscheint das Sinnbild der Uhr.

Starten Sie nun bitte eine weitere UHR-Anwendung auf die gleiche Weise wie zuvor. Zusätzlich wollen wir die erste UHR-Anwendung wieder öffnen.

Fenster
öffnen

Öffnen eines Fensters

Durch einen zweimaligen Wechsel des aktuellen Fensters, das jeweils an der dunklen Hinterlegung des Titelbalkens erkennbar ist, wird die erste UHR-Anwendung, die momentan durch ihr Sinnbild repräsentiert ist, wieder zur aktuellen Anwendung. Dies wird bei einem Sinnbild durch die Einblendung eines Titelbalkens am unteren Rand deutlich gemacht.

1. Drücken Sie bitte zweimal hintereinander die Tastenkombination

   <Alt> + <Esc>

2. Zum Öffnen der Anwendung drücken Sie dann

   <Alt> + <F5>

*<Alt> +
<Esc>*

*<Alt> +
<F5>*

Nun sind zwei Uhren auf dem Bildschirm zu sehen (siehe Abbildung 5.1). Als nächstes aktivieren wir wieder das MS-DOS-Fenster, um eine weitere Anwendung zu starten. Drücken Sie also zweimal hintereinander <Alt> + <Esc>.

Indirekter Start einer Anwendung

Windows bietet die praktische Möglichkeit, eine Anwendung indirekt über das Laden einer Datei zu starten, die bereits zuvor einmal mit dieser Anwendung erstellt worden ist. Dies hat den Vorteil, daß die zu bearbeitende Datei zusammen mit der Anwendung ohne weitere Kommandos geladen wird.

Datei

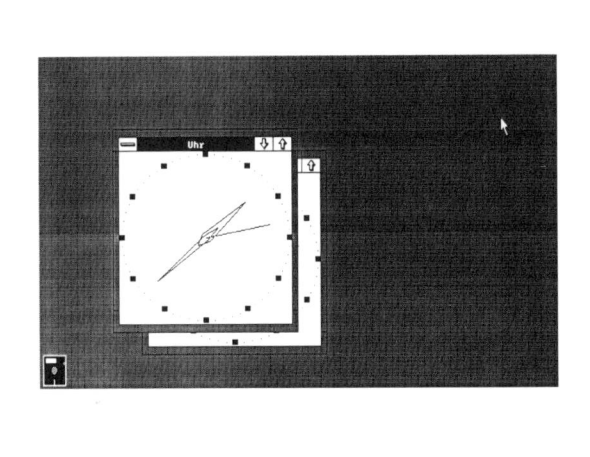

Abb. 5.1: Zwei UHR-Anwendungen

Ermöglicht wird dieses Vorgehen durch eine dreistellige Namenserweiterung der Datei, die beim Speichern automatisch vergeben wird und über die eine Zuordnung zu einer Anwendung erfolgt. Beispielsweise wurde eine Datei mit dem Namen TEXT.WRI von der Windows-Anwendung WRITE erstellt.

In der Windows-Systemdatei WIN.INI ist eingetragen, welche Namenserweiterung zu welcher Anwendung gehört.

WIN.INI

Die beiden Dateityp-Kennzeichnungen WRI für die Anwendung WRITE und MSP für die Anwendung PAINT sind hier beispielsweise bereits vordefiniert. Weitere Eintragungen können von Ihnen selbst vorgenommen werden.

1. Drücken Sie jetzt bitte so oft die Taste <W>, bis der Marker oder Markierungsbalken auf dem Namenseintrag WIN.INI steht.

2. Durch Betätigung der <Eingabetaste> wird die Anwendung geladen.

Dateien mit der Namenserweiterung INI werden von der Windows-Anwendung NOTIZ bearbeitet. Durch Betätigen der <Eingabetaste> wird nun also der Start der Anwendung NOTIZ und das Laden der Datei WIN.INI ausgelöst.

Kommentare

Alle Zeilen dieser Datei, die mit einem Semikolon beginnen, enthalten Kommentare, die nichts weiter bewirken. Auch Sie sollten bei Veränderungen kommentierende Zeilen einfügen.

3. Drücken Sie nach dem Erscheinen des Notizblocks ein- oder zweimal die Taste <Bild↓>, manchmal auch mit <PgDn> beschriftet, bis neben weiteren die folgenden Einträge sichtbar werden:

```
ini=notiz.exe ^.ini
msp=paint.exe ^.msp
wri=write.exe ^.wri
```

4. An dieser Stelle können Sie weitere Eintragungen für zusätzliche Anwendungen vornehmen oder Eintragungen ändern.

Wollen Sie beispielsweise mit WORD unter Windows arbeiten, ist es zweckmäßig die Zeile

```
txt=notiz.exe ^.txt
```

in

```
txt=word.com ^.txt
```

zu ändern.

Dazu bewegen Sie den blinkenden senkrechten Strich, der die aktuelle Schreibposition angibt, mit den Richtungstasten an die gewünschte Position und tippen die neuen Angaben ein. Der alte Text wird mit der <Entf>- bzw. <Del>-Taste gelöscht.

Schreibposition

Nun wird beim Laden von Dateien mit der Namenserweiterung TXT anstelle der Anwendung NOTIZ automatisch die Anwendung WORD gestartet.

Wollen Sie die Anwendung PAGEMAKER einsetzen, dann sollten Sie zusätzlich die folgenden Zeilen eintragen:

```
pm3=pm.exe ^.pm3
pt3=pm.exe ^.pt3
```

Näheres über die Benutzung der Anwendung NOTIZ finden Sie in Schritt 11.

Automatischer Start einer Anwendung

Beim Start des Windows-Programms können automatisch vorher festgelegte Anwendungen mit gestartet werden. Besonders bietet sich hier wieder die Anwendung UHR an, zumal diese auch nur den geringen Hauptspeicherbedarf von 15 KBytes hat.

Startautomatik

Die Vereinbarung erfolgt wieder in der Datei WIN.INI, die wir noch vom Beispiel aus dem vorigen Abschnitt auf dem Bildschirm sehen.

WIN.INI

1. Drücken Sie einmal die Taste <Bild↑> bzw. <PgUp>, so daß im Text der WIN.INI-Datei die folgenden Zeilen zu sehen sind:

```
load=
run=
```

Hinter diesen beiden Parametereinträgen kann jeweils eine Liste von durch Leerzeichen getrennte Anwendungsnamen angegeben werden, die beim Start von Windows automatisch mit gestartet werden sollen.

Start mit
Fenster

Start ohne
Fenster

Dabei werden Anwendungen, die mit geöffnetem Fenster gestartet werden sollen, hinter dem Befehl run aufgeführt und Anwendungen, die ohne geöffnetes Fenster nur als Sinnbild gestartet werden sollen, hinter dem Befehl load eingetragen.

2. Um die Uhr in Zukunft als Sinnbild zu starten, geben Sie nun den Namen dieser Anwendung hinter dem Befehl load an:

```
load=uhr
```

Änderungen
speichern

3. Sichern Sie die Änderung durch Abspeichern auf der Platte, indem Sie zunächst mit

   <Alt> + <D>

   das Menü "Datei" aufrufen und dort mit

   <S>

   die Option "Speichern" wählen. Ab sofort wird nach dem Start von Windows das Sinnbild der Uhr unten auf dem Bildschirm erscheinen.

Automatischer Start von Windows

AUTO-
EXEC.BAT

Wenn Sie in Zukunft überwiegend mit Windows und Anwendungen unter Windows arbeiten wollen, empfiehlt es sich, die Systemdatei AUTOEXEC.BAT so zu ändern, daß Windows nach dem Einschalten des Rechners automatisch gestartet wird.

Systemstart

Dabei setzen wir voraus, daß in Ihrem System beim Systemstart bislang kein automatischer Start irgendeiner anderen Anwendung, insbesondere von Menü-Anwendungen, vorgesehen ist.

34

Ansonsten müssen Sie diese Eintragung zuvor aus der AUTOEXEC-Datei entfernen. Es wird weiter angenommen, daß die AUTOEXEC-Datei im Hauptverzeichnis (root) enthalten ist.

AUTOEXEC laden

1. Öffnen Sie bitte aus der Datei WIN.INI heraus das Menü "Datei" mit

    <Alt> + <D>

    und wählen Sie dort den Befehl "Laden" aus:

    <L>

    In der Anwendung NOTIZ erscheint das Dialogfenster für das Laden von Dateien.

2. Betätigen Sie dreimal die <Rückschritt>- oder <Backspace>-Taste und löschen somit im Parameterfeld "Name" die Namenserweiterung "txt".

3. Tippen Sie nun die Zeichenfolge

    ```
    bat
    ```

    ein, und drücken Sie zum Abschluß der Eingabe die <Tab>-Taste. Dadurch schalten Sie gleichzeitig in das im Dialogfenster angebotene Inhaltsverzeichnis um.

    <Tab>-Taste

4. Um hier in das Hauptverzeichnis umzuschalten, in dem sich die AUTOEXEC.BAT-Datei befindet, müssen Sie einen kleinen Trick anwenden, da der gewünschte Eintrag [..] jetzt zwar umrahmt, aber nicht dunkel markiert ist. Drücken Sie deshalb einmal die <Leertaste> zum Umschalten in den Markiermodus. Jetzt sollte Ihr Bildschirm wie in der Abbildung 5.2 aussehen.

    Markiermodus

5. Drücken Sie nun die <Eingabetaste>, wodurch alle Dateien des Hauptverzeichnisses geladen werden, die die Namenserweiterung BAT tragen.

6. Durch gegebenenfalls mehrfaches Drücken der Taste <A> markieren Sie nun die Datei AUTOEXEC.BAT und laden diese durch Drücken der <Eingabetaste> in die Anwendung NOTIZ hinein.

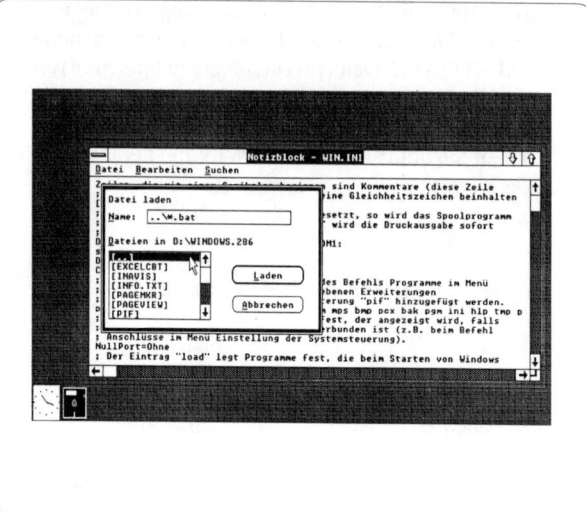

Abb. 5.2: Laden einer Datei

7. Bringen Sie jetzt die aktuelle Schreibposition auf die erste freie Zeile am Ende des angezeigten Textes, und tippen Sie dort

    `win`

    ein.

Als nächstes werden Sie sehen, wie man Windows-Anwendungen beendet.

Anwendung beenden

Beenden einer Anwendung

Natürlich können Sie vor dem Verlassen einer Anwendung die gemachten Änderungen wie gewohnt mit <Alt> + <D>, <S> speichern. Wenn Sie das jedoch vergessen, wird Windows Sie darauf aufmerksam machen, wie Sie gleich sehen werden.

1. Beenden Sie die Anwendung NOTIZ mit <Alt> + <F4>. Daraufhin erscheint ein Dialogfenster mit der Frage, ob zuvor die Datei AUTOEXEC.BAT gespeichert werden soll.

2. Stimmen Sie der Sicherung der Datei mit <j> zu. Windows wird ab sofort automatisch beim Systemstart aufgerufen.

Beenden von Windows

Windows beenden

Zum Abschluß dieses Schrittes zeigen wir Ihnen, wie Sie Windows nach getaner Arbeit verlassen können.

1. Drücken Sie die Tastenkombination <Alt> + <F4>. Es erscheint ein Dialogfenster, in dem eine Bestätigung verlangt wird.

2. Quittieren Sie die Frage in dem Dialogfenster zum Beenden der Windows-Sitzung mit <O> für "Ok".

Ok

Nun werden alle anderen noch vorhandenen Anwendungen und Fenster geschlossen. Falls allerdings in diesen Anwendungen veränderte Dateien geladen sind, die noch nicht gespeichert wurden, macht Windows darauf aufmerksam.

3. In diesem Fall müssen Sie die jeweilige Anwendung mit <Alt> + <Esc> anwählen, gegebenenfalls noch das betreffende Fenster öffnen und die Datei mit <Alt> + <D>, <S> speichern oder andernfalls die Anwendung mit <Alt> + <F4> beenden und die Frage nach der Sicherung der Datei mit <n> beantworten.

In den nächsten beiden Schritten wird Ihnen die Bedienung von Windows mit der Maus und der Tastatur systematisch und generell nahegebracht. Beide Schritte sind für die Nutzung der in den weiteren Schritten vorgestellten Anwendungen wichtig, da dort diese Grundkenntnisse benötigt werden.

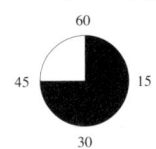
In diesem Schritt werden Mausbenutzer systematisch in die Bedienung von Windows mit der Maus eingeführt, die in der überwiegenden Zahl von Situtationen die intuitivste und komfortabelste Art der Steuerung von Windows darstellt.

Mausaktionen

Sie können Windows mit nur vier verschiedenen Steuerfunktionen der Maus bedienen. Dabei wird immer nur die linke Taste auf der Maus verwendet.

Linke Maustaste

Diese Voreinstellung können Sie jedoch in der Anwendung SYSTEMST.EXE, die wir später vorstellen, ändern.

1. Zeigen mit Mauszeiger: Bewegen Sie die Maus auf der Unterlage so, daß der Mauszeiger (schräger Pfeil) auf ein Objekt auf dem Windows-Bildschirm zeigt.

Zeigen Mauszeiger

2. Anwählen oder Anklicken: Zeigen Sie mit der Maus auf ein Objekt, und drücken Sie die linke Maustaste.

Anwählen

3. Auswählen oder Doppelklicken: Zeigen Sie auf ein Objekt, und drücken Sie zweimal hintereinander die linke Maustaste.

Auswählen

Der zeitliche Abstand, mit dem diese beiden Klicks ausgeführt werden müssen, kann ebenfalls in der Anwendung SYSTEMST.EXE auf individuelle Bedürfnisse angepaßt werden.

4. Ziehen: Bewegen Sie die Maus bei gedrückter Maustaste über eine Gruppe von Objekten oder Teile von Texten oder grafischen Objekten.

Ziehen

5. Markieren: Klicken Sie den Markierungsbalken an, oder ziehen Sie ihn über eine Gruppe von Objekten (Liste) oder Teile eines Textes, bzw. spannen Sie einen Markierungsausschnitt über den Teil eines grafischen Objektes mit gedrückter linker Maustaste auf (Objektgruppenanwahl).

Mausobjekte

Objekte, die mit der Maus angesprochen werden können, sind Fensterelemente, die Sie bereits in Schritt 3 kennengelernt haben, also

- Fensterrahmen
- Anfasser
- Titelleiste
- Steuerungsmenüfeld
- Sinnbildfeld
- Vollbildfeld
- Menüs in der Menüleiste
- Menüpunkte in einem Menü mit intensiver Darstellung
- grafische Sinnbilder in einem Funktionsmenü
- Bearbeitungszeile
- Arbeitsfläche
- Objekte und Symbole auf der Arbeitsfläche
- Läufer und Richtungspfeile einer Laufleiste
- Seitensinnbilder
- Felder oder Rasterpunkte einer strukturierten Arbeitsfläche

Ferner können Sie Texteinträge in Listen, Parameterfelder, Quittungsmarken oder Schieberegler-Symbole in Dialogfenstern anklicken. Farbfelder, Musterfelder, Schriftsymbole und vor allem Sinnbilder gehören ebenfalls zu den Objekten, die Sie mit der Maus ansprechen können.

Optimale Windows-Bedienung

Allerdings sind nicht immer Mausoperationen mit allen Windows-Objekten sinnvoll oder möglich. In manchen Fällen ist eine Kombination von Tastaturbefehlen und Maussteuerung am praktischsten, und in vielen Situationen ist sogar eine ausschließliche Bedienung mit der Tastatur vorteilhafter.

Manipulation von Fenstern

Wir wollen nun einige Übungen mit der Maus abhalten. Starten Sie dazu Windows, wie in Schritt 5 beschrieben. Es erscheint das MS-DOS-Fenster.

Mausübungen

Verändern der Fenstergröße

Als Übung wollen wir zunächst die Größe des MS-DOS-Fensters verändern.

Fenstergröße verändern

1. Ziehen Sie bitte den oberen linken Anfasser schräg nach rechts unten. Sie bemerken, daß sich der Mauszeiger bei der Positionierung auf dem Anfasser in einen Doppelpfeil verwandelt und diese Form so lange beibehält, bis Sie die Maustaste loslassen. Das MS-DOS-Fenster ist durch diese Aktion verkleinert worden.

2. Ziehen Sie jetzt bitte den rechten unteren Anfasser schräg nach rechts unten bis zum Bildschirmrand. Das MS-DOS-Fenster vergrößert sich.

3. Als nächstes ziehen Sie den rechten Rand nach innen, bis es nicht mehr weitergeht. Das MS-DOS-Fenster ist so klein geworden, daß die Laufwerk-Symbole für die Plattenlaufwerke mehr als eine Zeile einnehmen und am unteren Fensterrand eine Laufleiste erscheint.

Verschieben des Fensters

Ziehen Sie mit der Maus die Titelleiste so nach rechts oben, daß das MS-DOS-Fenster genau in der rechten oberen Ecke des Windows-Bildschirms plaziert wird.

Fensterposition verändern

Rollen des Fensters

Ziehen Sie jetzt bitte den Läufer auf der Laufleiste bis zum rechten Anschlag.

Fensterinhalt rollen

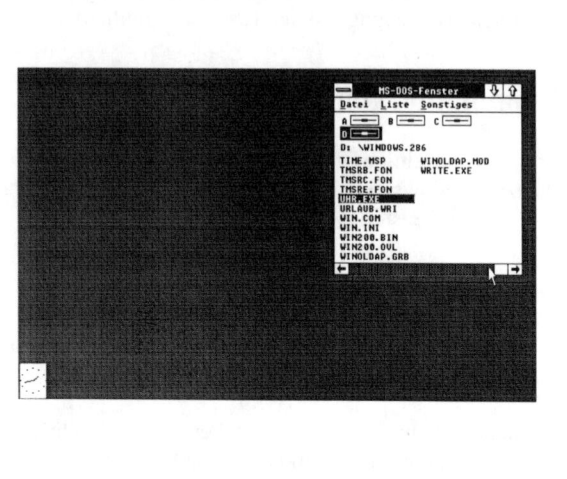

Abb. 6.1: Rollen eines Fensters

Die Anzeige des Windows-Inhaltsverzeichnisses verschiebt sich nach rechts, und es ergibt sich das Bild wie in der Abbildung 6.1.

Start einer Anwendung

Markieren Sie die Anwendung WRITE.EXE, und führen Sie einen Doppelklick aus. Mit dieser Anwendung wollen wir die folgenden Übungen durchführen.

Arbeiten mit Dateien

Zuerst wollen wir betrachten, wie man mit der Maus Dateioperationen durchführt.

Datei laden

Innerhalb der Anwendung WRITE wollen wir nun eine Datei unter Einsatz der Maus laden.

1. Klicken Sie das Menü "Datei" in der Menüleiste an. Dieses Menü enthält alle notwendigen Befehle für die Handhabung von Dateien. Es ist neben dem Steuerungsmenü das bedeutendste Menü und kommt in fast allen Anwendungen vor.

2. Klicken Sie nun den Menüpunkt "Laden" an.

3. Wählen Sie im Inhaltsverzeichnis des Dialogfeldes die Datei REISE.WRI und laden diese mit einem Doppelklick (siehe Abbildung 6.2).

Datei speichern

Datei speichern

Nach vorgenommenen Änderungen können Sie nun den Text wieder speichern.

Klicken Sie im Menü "Datei" den Menüpunkt "Speichern" an. Der Text wird unter Übernahme aller erfolgten Änderungen in die Datei REISE.WRI zurückgeschrieben. Der alte Inhalt der Datei wird dabei überschrieben.

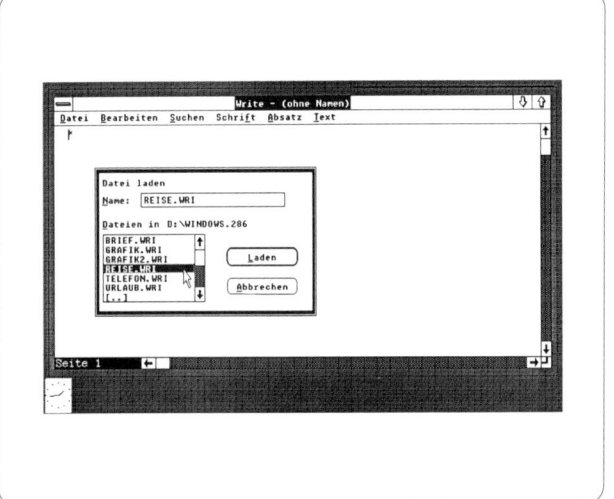

Abb. 6.2: Laden einer Datei

Wenn Sie nicht wünschen, daß der ursprüngliche Text auf der Platte überschrieben wird, können Sie den geänderten Text auch unter einem anderen Namen speichern. Klicken Sie dazu im Menü "Datei" den Menüpunkt "Speichern unter" an.

Es erscheint ein Dialogfenster, in dem Sie den neuen Namen eingeben können.

Klicken Sie den ersten Buchstaben des vorgegebenen Namens an, und löschen Sie ihn durch fünfmaliges Drücken der <Entf>-Taste. Anschließend tippen Sie den neuen Namen, beispielsweise URLAUB, ein und klicken das Feld "Ok" an.

Anmerkung: Falls Ihnen bei diesem Vorgang ein Fehler unterläuft, können Sie die Aktion mit <Esc> abbrechen und noch einmal von vorn beginnen.

Datei drucken

Klicken Sie im Menü "Datei" den Befehl "Drucken" an und dann in dem angezeigten Dialogfenster die Quittungsmarke "Ok". Warten Sie nun, bis das daraufhin erscheinende Dialogfenster nach kurzer Zeit von selbst verschwindet.

Informationen

Im Menü "Datei" steht als letzter Punkt meistens die Option "Über ...", in unserem Fall "Über Write", die wir nun mit der Maus anklicken wollen. Dieser Menüpunkt enthält in der Regel eine kurze Information über die jeweilige Anwendung. Sein Auswählen hat außerdem den positiven Nebeneffekt, daß die Anwendung nicht mehr benötigten, aber noch reservierten Speicherplatz freigibt.

Arbeiten mit mehreren Fenstern

Bei den folgenden Übungen gehen wir davon aus, daß das WRITE-Fenster zunächst das aktuelle ist. Ziehen Sie nun den rechten Rand des WRITE-Fensters so weit nach links, bis das MS-DOS-Fenster wieder voll sichtbar wird.

Wechseln des Fensters

Fenster wechseln

Klicken Sie mit der Maus das MS-DOS-Fenster an, so daß dieses wieder zum aktuellen Fenster wird, was man an der hervorgehobenen Titelzeile erkennen kann. Die Titelzeile des WRITE-Fensters wird hell.

Wechseln des Laufwerks

Laufwerk wechseln

Sorgen Sie bitte zunächst dafür, daß sich im Laufwerk A eine formatierte, nicht leere Diskette befindet. Klicken Sie nun auf der MS-DOS-Arbeitsfläche das Laufwerk-Symbol für A an. Im MS-DOS-Fenster wird daraufhin das Inhaltsverzeichnis der Diskette im Laufwerk A angezeigt.

Blättern im Fenster

Fensterinhalt blättern

Durch mehrfaches Anklicken des nach unten zeigenden Pfeils auf der Laufleiste können Sie das Inhaltsverzeichnis durchblättern.

Wechseln zwischen Sinnbild und Standardfenster

Fensteranzeige

Wir gehen davon aus, daß, wie in Schritt 5 vorgeschlagen, die UHR-Anwendung beim Start von Windows automatisch als Sinnbild geladen wird. Führen Sie einen Doppelklick auf das UHR-Sinnbild unten links aus. Nun überlagert das UHR-Fenster das WRITE-Fenster.

Durch Anklicken des WRITE-Fensters erreichen Sie, daß dieses wieder aktuell wird und das UHR-Fenster überlagert (siehe Abbildung 6.3).

Anwendung beenden

Als nächstes beenden wir die Anwendung WRITE mit Hilfe des Steuerungsmenüs. Klicken Sie dazu das Steuerungsmenüfeld, den kleinen Querbalken links in der Titelzeile, an und in diesem Menü den Befehl "Schließen". Falls in der Datei irgendwelche Änderungen gemacht wurden, werden Sie noch zum Speichern aufgefordert, bevor die Anwendung WRITE beendet wird.

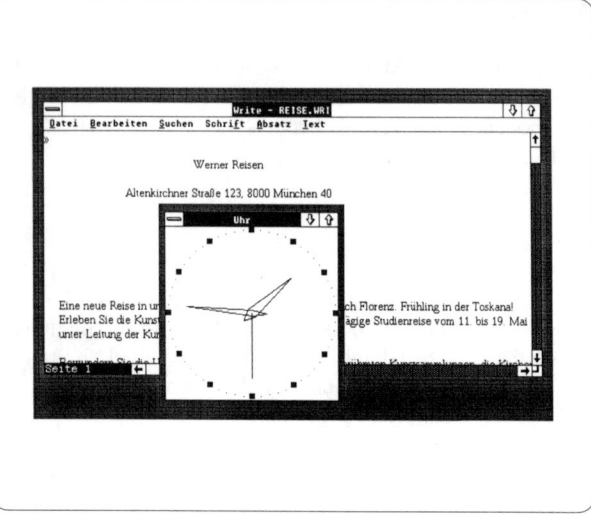

Abb. 6.3: Überlagernde Fenster

Die Uhr wollen wir wieder als Sinnbild ablegen, indem wir das Sinnbildfeld, das rechts in der Titelzeile durch den Pfeil nach unten dargestellt ist, anklicken.

Wechseln zwischen Vollbild und Standardfenster

Nach diesen Vorbereitungen wollen wir das noch verbleibende MS-DOS-Fenster auf volle Bildschirmgröße umschalten. Klicken Sie dazu das Vollbildfeld an, das rechts in der Titelzeile durch den Pfeil nach oben dargestellt ist. Durch nochmaliges Anklicken ist eine Zurückschaltung zur vorhergehenden Anzeigeart möglich.

Windows be-enden

Beenden von Windows

Um die Windows-Sitzung mit der Maus zu beenden, klicken Sie das Menü "Datei" und dort die Option "Ende" an. Bestätigen Sie Ihre Absicht durch Anklicken der Quittungsmarke "Ok". Das Menü "Datei" befindet sich in fast allen Anwendungen in der Menüleiste.

Ein Beenden von Windows ist ebenso über den Punkt "Schließen" im Steuerungsmenü möglich.

Windows \386

Unter Windows \386 ist ein "Notausstieg" aus einer Windows-Anwendung über den Menüpunkt "Einstellen" im Steuerungsmenü möglich. Dies ist allerdings nur dann sinnvoll, wenn die Anwendung auf keine anderen Kommandos mehr reagiert.

Nach der Auswahl dieses Menüpunktes erscheint ein Dialogfenster mit den vier Dialogbereichen:

```
Anzeigeart
Ausführung
Betriebsart
Spezial
```

Im Dialogbereich "Anzeigeart" können Sie die Fensterart für Standard-MS-DOS-Anwendungen zwischen Standard-Windows-Fenster und Ganzseitendarstellung einstellen.

Im Dialogbereich "Ausführung" können Sie Anwendungen zeitweilig anhalten oder die Ausführung angehaltener Anwendungen wieder aufnehmen.

Im Dialogbereich "Betriebsart" können Sie festlegen, ob Sie eine Anwendung im Vordergrund-, im Hintergrund- oder im Exklusivbetrieb bearbeiten wollen.

Schritt 7:

Arbeiten mit der Tastatur

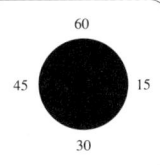

Dieser Schritt führt Sie in die Tastaturbedienung für Windows ein. Das Steuern von Windows über die Tastatur kann sehr zügig vonstatten gehen, wenn Sie alle Tastenkombinationen als Kurzformen für einzelne Aktionen auswendig beherrschen.

Kurzformen

Sind Sie jedoch als Gelegenheitsbenutzer oder Anfänger noch darauf angewiesen, den umständlichen Weg über den Aufruf von Menüs zu gehen, dann ist das Arbeiten mit der Maus sicherlich komfortabler.

Selten benutzte Windows-Funktionen sind zudem nicht über Tastenkurzwahl anzusprechen.

Menüaufruf

Ein Menü können Sie über die Tastatur durch gleichzeitiges Drücken der <Alt>-Taste und einer zusätzlichen Taste aufrufen. Die zusätzliche Taste ist in der Menüleiste durch einen Unterstrich im Menünamen gekennzeichnet.

<Alt>-Taste

Unterstrich

Im MS-DOS-Fenster ist also das

Menü "Datei"   über die Tastenkombination <Alt> + <D>
Menü "Liste"   über die Tastenkombination <Alt> + <L>
Menü "Sonstiges" über die Tastenkombination <Alt> + <S>

zu erreichen.

<Alt> +
<Leertaste>

Das Steuerungsmenü ist stets mit <Alt> + <Leertaste> bzw. mit <Umsch> + <Esc> anzusprechen. Wie Sie bereits wissen, wird dieses Menü durch den kleinen Querbalken in der Titelzeile symbolisiert.

<Umsch> +
<Esc>

Anmerkung: In Windows sind alle Objekte, deren Namen einen unterstrichenen Buchstaben enthalten, stets über diesen Buchstaben ansprechbar.

Bei Menünamen in der Menüleiste ist jedoch stets zusätzlich die <Alt>-Taste zu drücken.

Tastatur-übungen

Übung zum Menüaufruf

1. Starten Sie bitte Windows, wie in Schritt 5 beschrieben, wenn Sie es noch nicht getan haben.

Menü aufrufen

2. Wählen Sie als nächstes das Menü "Datei" durch Drücken von <Alt>+<D> an. Das Menü "Datei" ist neben dem Steuerungsmenü das wichtigste Menü. Es enthält alle Optionen für Dateioperationen.

Menüpunkt auswählen

3. Wenn das Menü "Datei" erschienen ist, können Sie die in ihm enthaltenen Menüpunkte auf drei verschiedene Arten auswählen:

    – Sie können zur Auswahl die Richtungstasten verwenden und dann die <Eingabetaste> drücken.

    – Sie können für einige Menüpunkte die Kurzform aus einer Kombination der <Alt>-Taste und einer Funktionstaste verwenden.

    – Sie können den Menüpunkt durch Drücken des jeweils unterstrichenen Buchstabens auswählen.

Informationen

Wir führen unser Beispiel fort, indem wir nach dem Öffnen des Menüs "Datei" den Buchstaben <Ü> für die Auswahl der Option "Über MS-DOS-Fenster" drücken.

Es erscheint ein Dialogfenster mit Angaben über den noch freien Platz auf der Festplatte und im Arbeitsspeicher.

Durch Drücken der <Eingabetaste> bestätigen Sie, daß Sie die Informationen gelesen haben.

Alternativ dazu können Sie auch durch Eingabe von <O> die Quittungsmarke "Ok" auswählen. Das Dialogfenster verschwindet.

Ok

Datei laden

Anwendung laden

Als nächstes wollen wir eine Anwendung über das Menü "Datei" laden.

1. Drücken Sie <Alt>+<D> und anschließend <L>. Nach Auswahl des Menüpunktes "Laden" erscheint ein Dialogfenster. Hier tragen Sie in das Dialogfeld "Laden" den Namen der Anwendung UHR ein und verlassen das Dialogfeld mit <Tab>.

2. Falls auf Ihrem Bildschirm bereits links unten das Sinnbild der Uhr aufgrund des in Schritt 5 eingerichteten automatischen Starts dieser Anwendung zu sehen ist, drücken Sie nun <A> für "Abbrechen".

   Andernfalls bestätigen Sie bitte den Start der Anwendung UHR als Sinnbild durch Drücken von <O> für "Ok". Wie erwartet wird nun die gewünschte Anwendung geladen.

Anwahl von Menüs

Menü aufrufen

Wir wollen noch ein paar Übungen zum Aufruf von Menüpunkten machen.

Wenn Sie beispielsweise mit <Alt>+<S> das Menü "Sonstiges" aufgerufen haben und anschließend das Menü "Liste" öffnen wollen, dann können Sie innerhalb der Menüzeile mit den Richtungstasten von einem zum anderen Menü wechseln.

1. Wechseln Sie also vom Menü "Sonstiges" mit der Richtungstaste <←> zum Menü "Liste". Über dieses Menü

kann die Art und Weise, wie das Inhaltsverzeichnis im
MS-DOS-Fenster angezeigt wird, verändert werden.

2. Wählen Sie durch einmaliges Drücken der Richtungstaste
   <↓> mit nachfolgender Bestätigung durch die <Eingabe-
   taste> die Darstellungsform "Lang".

   Das Erscheinungsbild des Inhaltsverzeichnisses ändert
   sich. Es werden nun zusätzliche Informationen wie Größe,
   Erstellungsdatum und -uhrzeit angezeigt.

Als nächstes wollen wir uns mit einem besonderen Menü befassen, und zwar mit dem in jeder Windows-Anwendung vorhandenen Steuerungsmenü.

Das Steuerungsmenü

Das Steuerungsmenü, das in der Titelzeile links durch einen
kleinen Querbalken angezeigt wird, kann mit der Tastenkombination <Alt>+<Leertaste> direkt geöffnet werden.

Das Arbeiten mit Menüs ist für Sie anfangs sicherlich der einfachste Weg. Bald kennen Sie aber alle für Sie wichtigen Funktionen und finden das Ansprechen von Funktionen über Menüs
zu langsam.

Am Beispiel des Steuerungsmenüs werden Sie eine schnellere
Möglichkeit für Experten kennenlernen.

Kurzwahl der Steuerungsfunktionen

Die im Steuerungsmenü angebotenen Funktionen sind neben
der Auswahl durch Richtungstasten im Menü und Bestätigung
mit der <Eingabetaste> auch über eine Tastenkombination der
<Alt>-Taste und einer Funktionstaste direkt – ohne vorheriges
Öffnen des Menüs – erreichbar.

Dabei beziehen sich alle Funktionen auf das jeweils aktuelle
Anwendungsfenster.

Tastenkombination	Funktion
<Alt> + <F4>	Beenden der Anwendung
<Alt> + <F5>	Wiederherstellen eines Fensters in Standardgröße
<Alt> + <F7>	Verschieben des Fensters
<Alt> + <F8>	Verändern der Fenstergröße
<Alt> + <F9>	Umschalten zwischen Anzeige in Standardgröße und Sinnbild
<Alt> + <F10>	Umschalten zwischen Anzeige in Standardgröße und Vollbild

Weitere Kombinationen der <Alt>-Taste mit den Funktionstasten <F1> bis <F3> sowie <F6>, <F11> und <F12> werden für einige Anwendungen spezifisch belegt.

Übung zur Kurzwahl von Steuerungsfunktionen   *Übungen*

1. Mit den Richtungstasten <→> bzw. <←> können Sie nacheinander alle vier Menüs des MS-DOS-Fensters – Steuerungsmenü, Menü "Datei", Menü "Liste", Menü "Sonstiges" – aufrufen, nachdem Sie zuvor eines davon geöffnet haben. Mit <Esc> können Sie die Menüebene verlassen.

    Menü wechseln

2. Als nächstes testen wir den Aufruf der Funktionen des Steuerungsmenüs:

    Funktionen

    Die Kombination <Alt> + <F10> wirkt wie ein Schalter und wechselt zwischen der Standardgröße und der Darstellung als Vollbild hin und her.

    <Alt>+ <F10>

    Ebenso funktioniert die Kombination <Alt> + <F9> als Schalter zwischen Standardgröße und der Darstellung als Sinnbild. Probieren Sie es aus.

    <Alt>+ <F9>

<table>
<tr><td><Alt>+
<F8>
Pfeilkreuz</td><td>Mit <Alt>+<F8> können Sie die Fenstergröße verändern. Es erscheint ein Pfeilkreuz, das Sie mit der Richtungstaste <→> auf den rechten Fensterrand bringen. Halten Sie anschließend die Richtungstaste <←> so lange niedergedrückt, bis sich der rechte Fensterrand in der Bildmitte befindet. Schließen Sie die Aktion mit der <Eingabetaste> ab.</td></tr>
</table>

<table>
<tr><td><Alt>+
<F7></td><td>Jetzt können Sie mit <Alt> + <F7> die Position des Fensters verändern. Wieder erscheint ein Pfeilkreuz, das Sie mit der Richtungstaste <→> auf den rechten Fensterrand bringen. Halten Sie anschließend die Richtungstaste <→> so lange niedergedrückt, bis das MS-DOS-Fenster den rechten Bildschirmrand erreicht hat. Beenden Sie den Vorgang wieder mit der <Eingabetaste>.</td></tr>
</table>

Anmerkung: Eilige Leser können die folgenden drei Abschnitte später nachholen und direkt mit dem Abschnitt "Arbeiten in Fenstern" fortfahren.

Kurzwahl der Dateifunktionen

Zusätzlich zu Kombinationen der <Alt>-Taste mit den Funktionstasten verwenden einige Anwendungen Kombinationen *<Strg>-* der <Strg>-Taste mit den Funktionstasten. Damit sind bei- *Taste* spielsweise Funktionen des Menüs "Datei" in der Anwendung PAGEMAKER und in anderen Anwendungen direkt, ohne Menüaufruf erreichbar.

Tastenkombination	*Funktion*
<Strg> + <A>	Positionieren eines Objektes
<Strg> + <D>	Drucken eines Objektes
<Strg> + <N>	Anlegen einer neuen Datei
<Strg> + <O>	Öffnen einer Datei
<Strg> + <S>	Speichern eines auf der Arbeitsfläche befindlichen Objektes

Anmerkung: In der Anwendung MSDOS hat die Tastenkombination <Strg> + <Buchstabe> eine besondere Bedeutung.

Damit wird das durch diesen Buchstaben bezeichnete Laufwerk angesprochen. <Strg> + <A> ruft also das Diskettenlaufwerk A auf.

Austausch von Objekten zwischen Anwendungen

Daten-austausch

Wie Sie bereits gesehen haben, verfügt jedes Anwendungsfenster mindestens über ein Steuerungsmenü und zumeist auch über das Menü "Datei".

Da Windows es Ihnen gestattet, Objekte, d. h. Texte, Zeichnungen und Bilder, über eine Zwischenablage unter den Anwendungen auszutauschen, gibt es hierfür in fast allen Anwendungen zur Vereinfachung Kurzformen.

Zwischenab-lage

Grafisch orientierte Anwendungen bieten Ihnen die drei Kurzformen für den Objektaustausch: Kopieren, Ausschneiden und Einfügen.

Anwendungen, die primär Grafiken übernehmen, aber nicht erzeugen können, unterstützen meist nur die Funktionen Einfügen und Kopieren.

Ein Anwendungsbeispiel für die Übernahme von Objekten finden Sie in Schritt 16 bei der Anwendung ABLAGE.

Kurzwahl für Objektaustausch

Bei den folgenden Funktionen ist stets der Bereich betroffen, der beim Auslösen der Funktion gerade markiert ist.

Dabei kann die normale Markierung zuvor auf einen größeren Bereich erweitert worden sein.

Tastenkombination	Funktion
<Umsch> + <Entf>	Ausschneiden eines Objektteils
<Strg> + <Einfg>	Kopieren eines Objektes bzw. Objektteils in die Zwischenablage
<Umsch> + <Einfg>	Einfügen eines Objektes bzw. Objektteils aus der Zwischenablage
<Entf>	Löschen eines Objektes bzw. Objektteils
<Esc>	Rücknahme eines ausgewählten Bereichs nach Kopier- oder Ausschneidebefehl

Anmerkung: Unter Windows \386 müssen in einem Standardfenster die obigen Kommandos mit der Tastatur in Kurzform oder über die Menüs eingegeben werden.

Mit der Maus sind diese Operationen nur nach der Umschaltung auf Vollbild-Darstellung möglich.

Kurzwahl für Terminalbetrieb

Terminalbe-trieb

In Windows sind für den Terminalbetrieb in Verbindung mit einem anderen Rechner weitere Tastenkombinationen für eine Kurzwahl von Terminalfunktionen reserviert.

Tastenkombination	Funktion
<Alt> + <F3>	Aufbau einer Verbindung mit dem anderen Rechner als Terminal; bei einer Wählverbindung muß zuvor gewählt werden, da kein automatisches Anmelden erfolgt
<Alt> + <F4>	Drucken der vom anderen Rechner übermittelten Daten parallel zur Anzeige

Tastenkombination	Funktion
\<Alt\> + \<F5\>	Speichern der Daten parallel zur Anzeige in einer Datei NAME.TXT oder Speichern der gewählten Terminaloptionen in einer Datei NAME. TRM
\<Alt\> + \<F6\>	Unterbrechung des empfangenen Datenstroms mit der Gefahr von Datenverlusten, falls kein XON/XOFF-Protokoll für die Datenkommunikation verwendet wird
\<Alt\> + \<F7\>	Abbruch der Rechnerverbindung, wobei vorher eine korrekte Abmeldung notwendig ist und bei der Verwendung von Akustikkopplern der Telefonhörer wieder auf den Telefonapparat gelegt werden muß

Arbeiten in Fenstern

Für die Anwahl, Auswahl und Manipulation von Objekten in Fenstern oder von Steuerungsfunktionen in Dialogfenstern sowie von Einträgen in Listen gibt es in Windows elementare Tastenfunktionen.

Spezielle Tasten

Anmerkung: In den speziell für Windows entwickelten Anwendungen werden die Funktionstasten zusätzlich zu den im folgenden aufgeführten elementaren Tastenfunktionen und den Funktionstasten-Belegungen in Verbindung mit der \<Alt\>- oder \<Strg\>-Taste auch einzeln verwendet.

Diese besonderen, unterschiedlichen Belegungen der Funktionstasten werden in den jeweiligen Schritten dargestellt.

Als gemeinsamer Nenner der Belegung ist die Verwendung der Funktionstaste \<F1\> mit dem Aufruf der Hilfefunktion und der Funktionstaste \<F3\> mit der Funktion Weitersuchen erkennbar.

\<F1\>
\<F3\>

Elementare Tastenfunktionen

Taste	*Funktion*
<Pos1>	Schreibmarke an Zeilenanfang bzw. Anwahl erster Listeneintrag
<Ende>	Schreibmarke an Zeilenende bzw. Anwahl letzter Listeneintrag
<Pfeiltasten>: <↓>, <↑>, <←> und <→>	Anwahl einzelner Objekte und Positionierung der Schreibmarke
<Tab>	Anwahl von Dialogfeldern
<Einfg>	An-/Ausschalten des Einfügemodus
<Leertaste>	Wechsel des Markiermodus: Marker wird hell oder dunkel geschaltet; Löschen Eingabefeld
<Bildtasten>: <Bild↓> und <Bild↑>	Fensterweises Blättern von Listen und Rollen von Objekten
<Esc>	Abbruch einer Aktion oder eines Dialogs mit Schließen eines Menüs oder Dialogfensters
<Eingabetaste>	Auswahl von Objekten und Bestätigung von voreingestellten Antworten ("Ok"); Laden von Anwendungen aus dem MS-DOS-Fenster mit geöffnetem Fenster; Ausführung von Befehlen
<Buchstabe>	Anwahl von Objekten, deren Namen diesen Buchstaben mit einem Unterstrich enthalten
<Rückschritt>	Löschen des Zeichens rechts von der Schreibmarke
<Entf>	Löschen des Zeichen links von der Schreibmarke

Tab. 7.1: Elementare Tastenfunktionen

Elementare Tastenfunktionen

Funktion mit <Umsch>	Funktion mit <Alt>
Markieren der Zeilenhälfte links von der Schreibmarke	
Markieren der Zeilenhälfte rechts von der Schreibmarke	
Anwahl von Gruppen von Objekten und Ziehen des Markers	Anwahl und Positionierung mit verlangsamter Geschwindigkeit
Anwahl von Dialogfeldern in umgekehrter Reihenfolge	Wechsel des aktiven Fensters
Übernahme Objekt aus der Ablage	
Wechselschalter für Markiermodus	Aufruf des Steuerungsmenüs
Anwahl von Gruppen von Objekten	Anwahl des Steuerungsmenüs
Anwahl des Steuerungsmenüs	Wechsel des aktiven Fensters
Schreibposition auf neue Zeile mit Zeilenumbruch; Laden von Anwendungen aus dem MS-DOS-Fenster als Sinnbild	Umschalten zwischen MS-DOS- Standardanzeige und Fensteranzeige für Anwendungen unter Windows \386; Bildschirmausdruck (Hardcopy) für CGA-Bildschirmmodus
	Auswahl von Menüs, deren Namen diesen Buchstaben mit einem Unterstrich enthalten
	Rücknahme der zuletzt vorgenommenen Änderung
Ausschneiden eines Objektes bzw. eines Objektteils	

Tab. 7.1: Elementare Tastenfunktionen (Fortsetzung)

Darüber hinaus gibt es mit der <Strg>-Taste vier Tastenkombinationen, die allgemein eine besondere Funktion haben:

Tastenkombination	Funktion
<Strg> + <Pos1>	Schreibmarke an den Anfang des Textes setzen bzw. Anwahl des ersten Objektes
<Strg> + <Ende>	Schreibmarke an das Ende des Textes setzen bzw. Anwahl des letzten Objektes
<Strg> + <Pfeiltasten>	Schreibmarke hinter bzw. vor das aktuelle Wort setzen
<Strg> + <Bildtasten>	Schreibmarke an den Anfang bzw. das Ende des Fensters setzen

Übungen

Übung zu den elementaren Tastenfunktionen

Als Beispiel sollen Sie mit dem Inhaltsverzeichnis im MS-DOS-Fenster arbeiten, das Sie für die ersten Übungen verkleinern sollten.

Fensterinhalt blättern

Blättern des Fensterinhaltes

Drücken Sie mehrfach die Tasten <Bild↓> und dann <Bild↑>. Der Fensterinhalt wird fensterweise hoch- und wieder heruntergeschoben.

Fensterinhalt rollen

Rollen des Fensterinhaltes

Mit den Richtungstasten <↓> und <↑> wird der Fensterinhalt zeilenweise hoch- und wieder heruntergerollt. Bei Fensterinhalten, die seitlich gerollt werden sollen, können Sie auch die Tasten <→> und <←> verwenden. In Verbindung mit der <Umsch>-Taste können Sie mit den <Pfeiltasten> Gruppen von Einträgen für bestimmte Dateioperationen, wie z. B. Drucken, Löschen oder Kopieren, kennzeichnen, was wir im nächsten Abschnitt üben wollen.

Markieren

Sie können den Markierungsbalken auf mehrere Einträge aus-
dehnen, indem Sie die Richtungstasten <↓> und <↑> zusammen
mit der <Umsch>-Taste drücken. Die markierten Einträge werden hervorgehoben angezeigt. Markieren Sie nun bei gedrückter
<Umsch>-Taste Objekte des Inhaltsverzeichnisses, d. h. Namen
von Dateien und Anwendungen, für nachfolgende Operationen.
Halten Sie die <Umsch>-Taste bitte während des gesamten Vor-
gangs gedrückt. Zum Aus- und Anschalten des Markiermodus
benutzen Sie die <Leertaste>.

*Daten mar-
kieren*

*Markiermo-
dus*

Sie könnten jetzt die markierten Einträge im Inhaltsverzeichnis
durch Aufruf des Menüs "Datei" mit <Alt> + <D> und Auswahl
des Menüpunktes "Löschen" durch Drücken von <H> löschen.
Oder Sie könnten die ausgewählten Dateien und Anwendungen
mit Hilfe des Menüpunktes "Kopieren" durch Drücken der Taste
<K> auf eine andere Platte oder in ein anderes Inhaltsverzeichnis
kopieren. Beim Drucken und Umbenennen sind ebenfalls Grup-
penoperationen sinnvoll.

Sobald Sie jedoch die <Umsch>-Taste loslassen und dann wieder eine <Pfeiltaste> drücken, erlöschen die bisherigen Markierungen.

*Markierung
löschen*

Abbruch von Aktionen

*Aktion ab-
brechen*

<Esc>

Mit <Esc> können Sie einen Dialog bzw. die Ausführung eines
Befehls vorzeitig abbrechen, ohne getätigte Eingaben abzuspeichern. Rufen Sie als Übung mit <Alt> + <D> das Menü "Datei"
und dort mit <I> die Option "Information" auf. Das angezeigte
Dialogfenster verschwindet nach dem Drücken von <Esc>.

Bestätigung von Aktionen

*Aktion
durchführen*

Wenn Sie eine Aktion nicht abbrechen, sondern normal beenden
wollen, müssen Sie die <Eingabetaste> drücken. Öffnen Sie das
Menü "Datei" noch einmal mit <Alt> + <D>, und wählen Sie erneut die Option "Information" mit <I> aus. Durch Drücken der
<Eingabetaste> beenden Sie die Befehlsausführung der Option
"Information" auf normale Weise.

Auswahl einer Anwendung über Buchstaben

Buchstaben

Im folgenden wollen wir Ihnen zeigen, wie man Menüpunkte und Dialogfelder über ihre unterstrichenen Buchstaben aufruft.

*Marker posi-
tionieren*

1. Positionieren Sie den Marker im MS-DOS-Fenster durch Drücken der Buchstabentaste <T> auf dem Eintrag TERMINAL.EXE. Wenn dieser nicht der erste Name mit diesem Anfangsbuchstaben wäre, müßten Sie den Buchstaben <T> mehrfach drücken, bis er die gewünschte Datei markiert.

TERMINAL

2. Bestätigen Sie die Auswahl durch Drücken der <Eingabetaste>. Das Anwendungsfenster TERMINAL erscheint.

3. Wählen Sie mit <Alt> + <E> das Menü "Einstellung" und dort mit <T> die Option "Terminal".

4. In dem nun erscheinenden Dialogfenster können Sie die vorgegebenen Antworten in den Dialogfeldern mit den Pfeiltasten <→> und <←> auswählen. In unserem Beispiel springt der Marker im Dialogfeld "Terminalart" zwischen der Antwort "VT52" und "ANSI" hin und her.

*<Tab>
<Umsch>+
<Tab>*

5. Die weiteren Dialogfelder erreichen Sie der Reihe nach mit der <Tab>-Taste bzw. rückwärts mit <Umsch> + <Tab>. Aber auch hier können Sie ein Dialogfeld direkt durch Drücken der unterstrichenen Buchstabentaste anwählen. Wählen Sie beispielsweise das Dialogfeld "Umwandlung" durch Drücken der Taste <U> aus.

An dieser Stelle befindet sich ein Verzeichnis der verschiedenen Länder. Da Sie nun innerhalb des Verzeichnisses mit Hilfe von Buchstabentasten verschiedene Länder anwählen können, ist es in einer solchen Situation nicht möglich, wieder mit Hilfe einer Buchstabentaste zu einem anderen Dialogfeld zu springen. Die gleiche Einschränkung gilt auch für Dialogfelder, in die Sie Texteingaben machen müssen.

6. Dazu wählen Sie nun mit <Tab> und dann <P> das Dialogfeld "Zeilen im Puffer" an. Bei Feldern mit vorgegebenen Daten können Sie entweder einzelne Zeichen mit der

<Entf>-Taste löschen und eigene Angaben ergänzen, oder Sie beginnen gleich mit der Eingabe des neuen Textes, wobei der vorgegebene komplett verschwindet. Tippen Sie in unserem Beispiel die Ziffern 9 und 0 ein. Mit der <Entf>- oder mit der <Rückschritt>-Taste können Sie Ihre Eingabe korrigieren.

Daten ändern

7. Um eine Bestätigung der Einstellungen über das Feld "Ok" vorzunehmen, können Sie nun entweder die <Eingabe- taste> oder <Tab> und dann <O> drücken. Um das Dialog- fenster ohne Speichern der Einstellungen zu verlassen, können Sie die <Esc>-Taste drücken.

Einstellung bestätigen

Arbeiten mit mehreren Fenstern

In Schritt 4 haben Sie vom Prinzip her gesehen, wie Sie unter Windows sehr effektiv mit mehreren Fenstern arbeiten können.

Mit der Maus kann man gezielt ein Fenster ansprechen, d. h. aktiv machen, indem man seine Fensterfläche direkt anklickt. Beim Arbeiten mit der Tastatur müssen Sie die Fenster der Reihe nach durchblättern. Windows bietet hierfür die beiden Tasten- kombinationen

Fenster akti- vieren

<Alt> + <Esc>

und

<Alt> + <Tab>

an.

Beim Einsatz der zweiten Kombination werden angewählte Sinnbilder, d. h. aktive Sinnbilder mit eingeblendeter Titelzeile, automatisch geöffnet, wenn Sie die <Alt>-Taste zum Zeitpunkt der Anwahl loslassen. Dies ist bei der ersten Variante nicht der Fall. Bei beiden Tastenkombinationen wird jedoch das aktive Fenster bzw. Sinnbild stets vor die anderen geschoben.

Der Vorteil dieser Tastenkombinationen gegenüber der Maus- bedienung ist, daß sie auch bei verdeckten Fenstern anwendbar sind.

Übung zu mehreren Fenstern

Bei der folgenden Übung gehen wir davon aus, daß auf Ihrem Bildschirm noch die Anwendung TERMINAL aktiv ist und daß die Anwendung UHR als Sinnbild vorhanden ist. Wenn das nicht der Fall ist, sorgen Sie bitte selbständig unter Berücksichtigung des bisher Gelernten für die beschriebene Situation.

1. Schalten Sie die Anwendung TERMINAL mit <Alt> + <F10> auf Vollbild-Darstellung um.

2. Wechseln Sie mit <Alt> + <Esc> von einer Anwendung zur nächsten, und beobachten Sie, wie das jeweils aktuelle Fenster durch eine hervorgehobene Titelzeile kenntlich gemacht wird.

3. Öffnen Sie das UHR-Fenster mit <Alt> + <Tab>.

4. Machen Sie abschließend durch zweimaliges Drücken von <Alt> + <Esc> das MS-DOS-Fenster wieder zur aktuellen Anwendung, und beenden Sie die Sitzung mit <Alt> + <F4>, <Eingabetaste>.

Schritt 8:

Anwendung: Taschenrechner

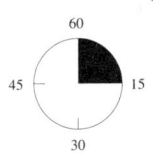

Die Anwendung RECHNER.EXE ist neben der Anwendung UHR von der Bedienung her gesehen die einfachste der mitgelieferten Anwendungen. Aus diesem Grund lernen Sie diese Anwendung als erste kennen.

Informationen über den Rechner

Der Rechner nimmt nur relativ wenig Speicherplatz ein, nämlich 17 KBytes, und kann deshalb ebenso wie die Uhr als stets griffbereites Utensil vom Start weg automatisch als Sinnbild geladen werden. Er beherrscht allerdings neben den Grundrechenarten nur Wurzel- und Prozentrechnung, kennt keine Klammerfunktion und ist daher nur für einfachere Berechnungen einzusetzen.

Rechenarten

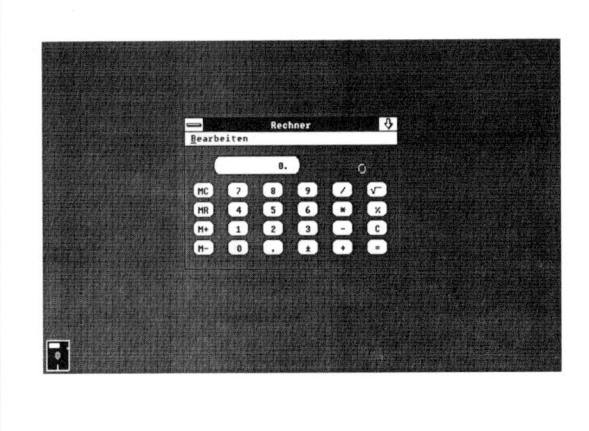

Abb. 8.1: Die Anwendung RECHNER.EXE

65

Der Nutzen des Rechners wird allerdings durch die Fähigkeit, über die Anwendung ABLAGE Eingaben und Ergebnisse auszutauschen, etwas erhöht. Beispielsweise können über die Ablage Rechenausdrücke wie

```
3 * 5 + 19 / 3
```

übernommen werden, und der Rechner zeigt das Ergebnis an.

Die Anwendung RECHNER verfügt neben dem Steuerungsmenü nur noch über das Menü "Bearbeiten".

Die Größe des RECHNER-Fensters kann nicht verändert werden, was schon optisch an dem schmalen Fensterrahmen erkennbar ist.

Aus diesem Grund kann das Fenster auch nicht mit Hilfe der Maus, sondern nur mit der Tastatur verschoben werden.

Funktionen des Rechners

Mit den folgenden Tasten können Sie den Rechner bedienen:

Tasten/Kombinationen	*Funktion*
<M> + <C>	Speicher löschen
<M> + <R>	Speicher lesen
<M> + <+>	im Speicher addieren
<M> + <–>	vom Speicher subtrahieren
<Strg> + <Einfg>	in die Ablage kopieren
<Umsch> + <Einfg>	aus der Ablage einfügen
<Alt> + <Leertaste>	Anwahl des Steuerungsmenüs
<Alt> + <B>	Anwahl des Menüs "Bearbeiten"
<+>	Addition
<–>	Subtraktion
<*>	Multiplikation
<Umsch> + </>	Division
<Q>	Quadratwurzel
<Umsch> + <%>	Prozent
<N>	Vorzeichenwechsel
<C>	Grundzustand (Löschen)

Tasten/Kombinationen	Funktion
<Esc>	Grundzustand (Löschen)
<Umsch> + <=>	Ergebnis
<H> niederhalten	Zahl in Hexadezimalform

Starten des Rechners

Rechner starten

Bei dieser ersten Anwendung rufen wir Ihnen noch einmal kurz die wichtigsten und schnellsten Bedienungsmethoden von Windows in Erinnerung.

Sie können die Anwendung RECHNER automatisch als Sinnbild beim Start von Windows laden, indem Sie in der Datei WIN.INI die Eintragung

Automatisch laden

```
load=rechner
```

machen.

Manuell können Sie die Anwendung im MS-DOS-Fenster als Sinnbild laden, indem Sie den Eintrag RECHNER.EXE mit <R> markieren und dann mit <Umsch> + <Eingabetaste> laden.

Manuell laden

Um die Anwendung RECHNER mit geöffnetem Fenster im MS-DOS-Fenster zu laden, können Sie den Eintrag mit der Maus zweimal anklicken oder mit <R> markieren und dann mit der <Eingabetaste> laden.

Falls Sie noch unsicher beim Start von Windows und von Anwendungen sind, schlagen Sie bitte in Schritt 5 nach.

Beenden des Rechners

Machen Sie das RECHNER-Fenster mit der Tastenkombination <Alt>+<Tab> aktiv oder indem Sie es mit der Maus anklicken. Zum Beenden der Anwendung drücken Sie dann <Alt> + <F4> oder führen mit der Maus einen Doppelklick auf das Steuerungsmenüfeld aus.

Rechner beenden

Arbeiten mit dem Rechner

Der Taschenrechner kann vollständig mit der Maus bedient
werden. Falls Sie jedoch einen Rechner mit Ziffernblock besit-
zen, ist eine Zahleneingabe über die Tastatur empfehlenswert.
Statt der Tastaturkombinationen für einige Funktionen ist hin-
gegen das Anklicken der entsprechenden Felder auf dem Taschenrechner mit der Maus komfortabler.

*<Num>-
Taste*

Wenn Sie mit dem Ziffernblock arbeiten wollen, drücken Sie
zuvor die <Num>-Taste. Denken Sie jedoch vor dem Verlassen
der Anwendung RECHNER daran, durch erneutes Drücken der
<Num>-Taste deren Arretierung wieder rückgängig zu ma-
chen.

Durch Auswahl der Option "Über Rechner" im Menü "Bearbeiten" können Sie Bedienungshinweise für den Rechner erhalten.

*Rechen-
Übungen*

Übungen zum Rechner

Beachten Sie bei den Übungen den Unterschied, wann das Plus-
zeichen gedruckt werden muß <+> und wann es dazu dient, eine
Tastenkombination anzuzeigen +.

1. Drücken Sie die folgenden Tasten:

   <2> <*> <3> <+> <3> <Eingabetaste>

   Das Ergebnis ist 9.

2. Drücken Sie nun:

   <3> <+> <3> <*> <2> <Eingabetaste>

Regeln

   Dieses Mal ist das Ergebnis 12. Der Rechner achtet also
   nicht auf die Regel "Punktrechnung vor Strichrechnung",
   sondern führt die Rechenschritte strikt in der Reihenfolge
   der Eingabe aus.

Prozent

3. Als Übung für die Prozentrechnung geben Sie bitte ein:

   <400> <*> <25> <Umsch> + <%>

Die Anzeige zeigt die Zahl 100, also 25 % von 400, an. Um einen Prozentanteil zu berechnen, müssen Sie also die Zahl mit der Prozentzahl multiplizieren und diese durch Drücken der Prozenttaste kennzeichnen.

4. Als nächstes folgt eine Übung mit Quadratwurzel. Tippen Sie: *Wurzel*

```
<9> <Q>
```

Der Rechner zeigt 3 als Quadratwurzel der Zahl 9 an. Da die Tastatur Ihres Computers nicht über ein Wurzelzeichen verfügt, wird der Buchstabe Q als Funktionssysmbol verwendet. Entgegen der gewohnten Schreibweise steht die Wurzelfunktion hinter der auszuwertenden Zahl.

5. Zum Schluß führen wir eine Rechnung mit Speicher durch. Tippen Sie nacheinander: *Speicher*

```
<3> <M> + <+> <3> <*> <2> <Eingabetaste> <M> + <+>
```

Das Ergebnis im Speicher wird durch

```
<M> + <R>
```

sichtbar gemacht. Die Anzeige ist 9. Wir haben also die Formel aus der Übung 2. durch Verwendung des Speichers mathematisch korrekt berechnet. Da keine Klammerfunktionen verfügbar sind, ist es manchmal notwendig, Zwischenergebnisse im Speicher abzulegen.

Anwendung: Karteikasten

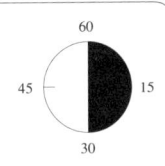

Die Anwendung KARTEI.EXE, die wir Ihnen in diesem Schritt vorstellen, ist ein elektronischer Karteikasten mit einer grob vorgegebenen Struktur. Sie werden insbesondere lernen, effizienten Gebrauch von den speziellen Tastenfunktionen innerhalb der Anwendung KARTEI zu machen.

Informationen über die Kartei

Die Anwendung KARTEI selbst nimmt nur relativ wenig Arbeitsspeicher in Anspruch, nämlich ca. 15 KBytes. Natürlich wird für umfangreichere Karteien wesentlich mehr Speicherplatz benötigt. Es ist daher nur für kleinere Karteien sinnvoll, die Anwendung KARTEI mit Daten ständig im Arbeitsspeicher zu halten.

Speicherbedarf

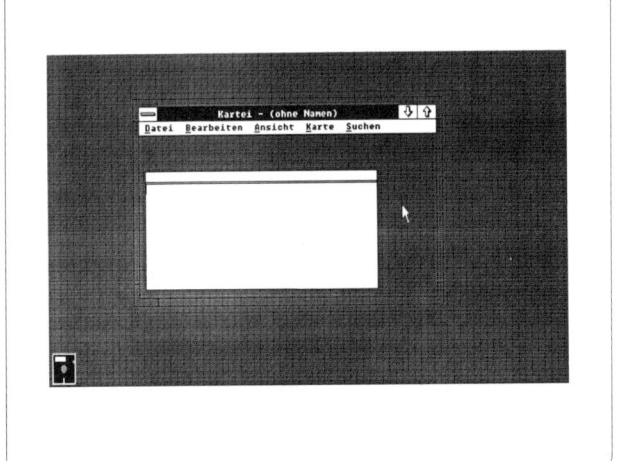

Abb. 9.1: Die Anwendung KARTEI

Die Kartei eignet sich insbesondere für die Verwaltung von Adressen und Telefonnummern sowie von Sammlungen.

Es ist jedoch nicht möglich, die vorgegebene, von der Anwendung verwaltete Datenstruktur zu ändern oder zu ergänzen. Die Anwendung KARTEI ist also in diesem Sinne kein Datenbanksystem. Es bleibt Ihnen allerdings unbenommen, Einträge textuell zu gliedern und zu gestalten.

Die Anwendung verwendet neben dem Steuerungsmenü fünf weitere Menüs mit den Namen "Datei", "Bearbeiten", "Ansicht", "Karte" und "Suchen".

Dateien, die mit der Anwendung KARTEI erstellt worden sind, tragen die Namenserweiterung KRT.

Nutzungshinweise

Der Nutzen der Windows-Kartei wird dadurch verstärkt, daß sie mit anderen Windows-Anwendungen zusammen arbeiten kann. Sie können Bilder aus Grafikprogrammen übernehmen oder Notizen aus der Anwendung NOTIZ und diese in der Kartei ablegen.

Aufgrund der gemeinsam genutzten Wählfunktion der Anwendungen KARTEI und TERMINAL können Sie, wenn Sie häufig mit vielen verschiedenen elektronischen Informationsdiensten zu tun haben, die Anwahl und weitere Informationen wie Benutzerkennung und Handhabungshinweise in der Kartei hinterlegen.

Es ist dann möglich, die Anwahl des externen Auskunftsystems aus der Anwendung KARTEI heraus vorzunehmen und dann die Anwendung TERMINAL zu starten. Selbstverständlich können Sie die Wählfunktion auch für Telefongespräche mit Ihren Bekannten und Geschäftspartnern nutzen.

Wenn Sie länger und mit einer größeren Anzahl Karteikarten arbeiten wollen, ist es zweckmäßig, das Anwendungsfenster KARTEI auf Vollbild-Darstellung umzuschalten oder zumindestens das Fenster zu vergrößern, wie wir es in den Schritten 6 und 7 beschrieben haben.

Zusätzlich können Sie über das Menü "Ansicht" auf eine Listendarstellung umschalten, d.h. pro Karteikarte wird nur eine Stichwortzeile angezeigt. So erhalten Sie einen besseren Überblick über eine größere Zahl von Karteikarten.

Bei sehr umfangreichen Dateien, bei denen sich eine Untergliederung nach bestimmten Sachgebieten anbietet, empfiehlt es sich, getrennte Karteidateien für die einzelnen Sachbereiche anzulegen. Falls dies für bestimmte Arbeitsschritte erforderlich ist, können diese separaten Dateien durch die Funktion "Zusammenführen" des Menüs "Datei" zu einer Kartei vereinigt werden.

Kartei-dateien

Bei der Verwendung vieler verschiedener Karteien ist es zweckmäßig, dafür in Windows ein eigenes Unterverzeichnis KARTEIEN anzulegen.

Wenn Sie häufig Adressen aus der Kartei für Textsysteme übernehmen wollen, ist es außerdem ratsam, die Anrede und die Adreßinformationen in üblicher Schreibweise in den ersten Zeilen des Datenbereichs abzulegen. Dies erleichtert die Datenübernahme erheblich.

Daten-austausch

Aufbau einer Kartei

Mit der Anwendung KARTEI können beliebig viele Karteien angelegt werden. Pro Kartei muß eine Datei mit einem achtstelligen Namen angelegt werden, dem beim Speichern automatisch die Namenserweiterung KRT angehängt wird. Das Anlegen von weiteren Karteien erfolgt über den Menüpunkt "Neu" des Menüs "Datei". Die Karteikarten werden automatisch alphabetisch nach den Einträgen in der obersten Zeile, der Stichwortzeile, geordnet.

Namensre-servierung

Stichwort-zeile

Der Datenbereich ist von der Stichwortzeile durch eine Linie abgetrennt. Er kann frei gestaltbaren Text oder Bildinformationen aufnehmen. Dabei muß der Datenbereich vorher je nachdem in den Text- bzw. Bildmodus geschaltet werden.

Modus

Die Stichwort- oder Indexzeile kann mehrere durch Leerzeichen getrennte Stichwörter enthalten. Die Schreibmarke, die sich zunächst immer im Datenbereich befindet, kann mit Hilfe

Stichwörter eingeben

<F6>

der Option "Stichwort" aus dem Menü "Bearbeiten" oder kürzer mit der Funktionstaste <F6> oder durch einen Doppelklick mit der Maus in die Stichwortzeile gebracht werden. Daraufhin erscheint ein Dialogfenster, in dem der Text für die Stichwortzeile eingegeben oder geändert werden kann.

Telefonnummer

Wenn Sie in der Stichwortzeile eine Telefonnummer eingeben, so sollten Sie diese immer mit der Vorwahlnummer und einem Bindestrich eingeben, z. B. 0211-6180220. Eine solche Nummer kann nach Wunsch automatisch über die Option "Wählsystem" des Menüs "Karte" angewählt werden.

Datenaustausch

Die Texte in der Stichwortzeile und im Datenbereich der Karte können frei editiert werden.

Daten können nach Markierung über Maus oder Tastatur aus der Stichwortzeile oder dem Datenbereich für den Datenaustausch in die Windows-Ablage übernommen werden. Eine Übernahme von Objekten aus der Ablage ist für einzelne Wörter und Zahlen wieder in beiden Bereichen möglich. Bilder und größere Texte werden nur in den Datenbereich übernommen.

Karteidarstellung

Im Arbeitsbereich der Anwendung KARTEI ist entweder eine Auflistung der Stichwortzeilen oder eine grafische Darstellung der vordersten Karteikarten in leicht versetzter Aufreihung sichtbar. Dabei ist nur die vorderste Karte komplett zu sehen. Die Datenbereiche der anderen Karten bleiben verdeckt. Die Karteikarten werden wie eine Rollkartei verwaltet. Nach dem Erreichen der letzten Karte erscheint vorne wieder die erste Karte.

Tastenfunktionen

Besondere Menüpunkte und Funktionen

Im folgenden beschreiben wir besondere Menüpunkte und Tastenfunktionen der Anwendung KARTEI.

<F3>   Suchen nach Suchbegriff (auch Wortteile) und Weitersuchen nach Treffer im Datenbereich

<F4>   Suchen nach Stichwort; bei Weitersuche Stichwort erneut eingeben

<F5>	Telefonwahl über die Telefonnummer in der Stichwortzeile
<F6>	Eingabe oder Änderung der Stichwortzeile
<F7>	Neuanlage einer Karte
<Alt> + <Rückschritt>	Rücknahme der letzten Änderung
<Alt> + <D>, <Z>	Zusammenführen zweier Karteien
<Alt> + <D>, <D>	Drucken der Karte im Vordergrund
<Alt> + <D>, <A>	Drucken aller Karten
<Alt> + <B>, <T>	Umschalten in den Textmodus
<Alt> + <B>, <B>	Umschalten in den Bildmodus
<Alt> + <B>, <W>	Wiederherstellen des alten Zustands nach einer Änderung
<Alt> + <A>, <K>	Umschalten in Kartendarstellung
<Alt> + <A>, <L>	Umschalten in Listendarstellung
<Alt> + <K>, <D>	Duplizieren einer Karte
<Alt> + <K>, <L>	Löschen einer Karte
<Alt> + <S>, <S>	Wechseln des Suchbegriffs für Suche im Datenbereich

Arbeiten mit der Kartei

Das Blättern in der Kartei erfolgt wie unter Windows üblich mit den Tasten <↓>, <↑>, <Bild↓>, <Bild↑> sowie <Pos1> und <Ende>. Eine Besonderheit hierbei ist, daß beim Arbeiten im Kartenmodus bei den Tasten <Pos1> und <Ende> zusätzlich noch die <Strg>-Taste gedrückt werden muß, um die erste bzw. letzte Karte in alphabetischer Reihenfolge anzuwählen.

Blättern

Mit der Maus kann die gewünschte Karte direkt angeklickt werden oder die Kartei wie gewohnt mit Hilfe der Laufleiste durchgeblättert werden. Auch die Stichwortzeile kann für eine gewünschte Veränderung mit der Maus durch einen Doppelklick angewählt werden.

Maus

Die Daten im Datenbereich der Karte werden über die Tastatur eingegeben und verändert. Es findet ein automatischer Zei-

Daten eingeben

lenumbruch statt. Mit Hilfe der <Leertaste>, den <Pfeiltasten>, der <Einfg>-Taste, der <Entf>-Taste sowie der <Eingabetaste> kann die Schreibmarke bewegt werden, und Texte können modifiziert werden.

Übungen mit der Kartei

1. Starten Sie zunächst Windows und die Anwendung KAR-TEI.EXE. Auf dem Bildschirm erscheint eine leere Karteikarte.

2. Drücken Sie die Funktionstaste <F6>, um den folgenden Text in der Stichwortzeile einzugeben:

    ```
    Becker   Thilo   Dr   089-316792
    ```

    Schließen Sie die Eingabe mit der <Eingabetaste> ab.

3. In den Datenbereich der Karte tippen Sie die folgende Adresse ein:

    ```
    Dr. Thilo Becker
    Am Biergarten 12

    8000 München
    ```

4. Nun legen wir mit <F7> eine weitere Karte an. In die Stichwortzeile tippen Sie:

    ```
    Hack   Kay B.   040-13197
    ```

    Schließen Sie die Eingabe wieder mit der <Eingabetaste> ab, und füllen Sie den Datenbereich mit folgenden Angaben:

    ```
    Kay B. Hack
    Hafengasse 11

    2000 Hamburg
    ```

5. Legen Sie in gleicher Weise drei weitere Karten an für:

    ```
    Michael Orkim, Fietsestraat 9, Amsterdam
    Tel. 0031-20473581
    ```

```
Claus Hellweg, Am Pütt 26, 4300 Essen
Tel. 0203-275648

Timo Hagen, Freilagerstr. 9, 8000 Zürich
Tel. 0040-1726523
```

6. Duplizieren Sie nun die letzte Karte mit Hilfe des Menüs *Karte dupli-*
   "Karte". Dieser Vorgang kann sinnvoll sein, wenn Sie die *zieren*
   Struktur einer Karte übernehmen und nur neue Daten ein-
   geben wollen. Drücken Sie dazu <Alt> + <K>, <D>.

7. Die Angaben auf der duplizierten Karte sollen nun verän- *Daten än-*
   dert werden. Drücken Sie die Funktionstaste <F6> und *dern*
   dann die <Leertaste>, um die Angaben in der Stichwortzeile zu löschen. Die neue Zeile soll lauten:

```
Hofer   Udo   0043-66292563
```

Beenden Sie die Eingabe mit der <Eingabetaste>.

Im Datenbereich können Sie die alten Angaben, die gelöscht werden sollen, entweder mit der Tastatur durch
gleichzeitiges Drücken der <Umsch>-Taste und der
<Pfeiltasten> oder durch Ziehen mit der Maus markieren.
Der markierte Bereich wird mit der <Entf>-Taste oder automatisch durch Eintippen des neuen Textes gelöscht. Geben Sie nun ein:

```
Udo Hofer
Am Konzertstüberl 6

Salzburg
```

8. Probieren Sie nun, in Ihrer Kartei mit Hilfe der Tastatur *Blättern*
   oder mit der Maus zu blättern. Schalten Sie auch übungs-
   halber einmal mit <Alt> + <A>, <L> in die Listendarstel- *Liste*
   lung um.

   Als weitere Übung könnten Sie die Karte für Herrn Hell- *Suchen*
   weg suchen, indem Sie seinen Namen als Suchbegriff eingeben.

9. Speichern Sie die Kartei für weitere Übungen unter dem *Kartei spei-*
   Namen ADRESSEN. *chern*

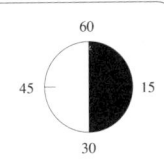
Anwendung:
KALENDER

Mit der Anwendung KALENDER.EXE lernen Sie in diesem Schritt ein Organisationsmittel kennen, das ziemlich ähnlich wie ein realer Kalender in Ihrem persönlichen und beruflichen Alltag benutzt werden kann. Mit seiner fest vorgegebenen ausgefeilten Strukturierung und der Art, wie Einträge vorgenommen werden, erinnert der Kalender sehr stark an die Anwendung KARTEI, so daß Sie sehr schnell damit vertraut werden können.

Informationen über den Kalender

Die Anwendung KALENDER beansprucht ohne Einträge etwa 28 KBytes Hauptspeicher.

Speicherbedarf

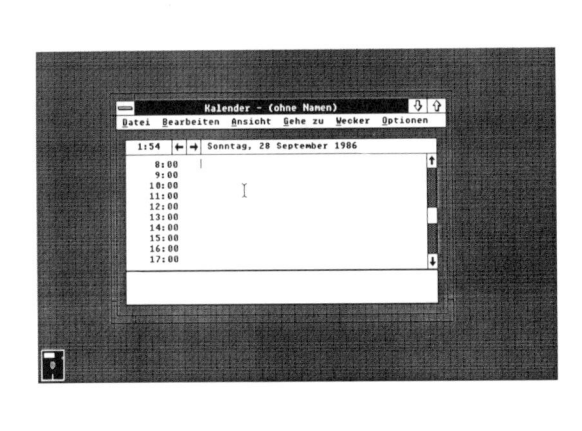

Abb. 10.1: Die Anwendung KALENDER

Sie ist bei nicht zu vielen Einträgen durchaus für einen automatischen Start geeignet, was wegen der eingebauten Terminalarm-Funktion sehr zweckmäßig ist.

Einteilung

Die vorgesehenen Zeilen für Einträge lassen sich nicht verändern, die Stundeneinteilung ist jedoch sehr variabel und flexibel gestaltbar.

Für eine schnelle Orientierung können Sie den Kalender zwischen einer Tages- und einer Monatsübersicht umschalten.

Er kann Termine zwischen 1600 bis 2090 verwalten.

Namenserweiterung

Die mit der Anwendung KALENDER erstellten Dateien erhalten die Namenserweiterung KAL.

Nutzungshinweise

Zusammenspiel mit anderen Anwendungen

Der in seiner Grundfunktionalität schon sehr nützliche Kalender wird im Zusammenspiel mit anderen Windows-Anwendungen erst wirklich unentbehrlich.

Alarm

Er zeigt auch als Sinnbild durch Blinkalarm fällige Termine an, wenn Sie gerade mit einer anderen Anwendung arbeiten.

mehrere Kalender

Falls Sie in Ihrer Firma mit mehreren Kolleginnen oder Kollegen einen PC teilen oder falls Ihrer mit anderen vernetzt ist, sollte für jede Person ein persönlicher Kalender geführt werden. Diese können zwecks Abstimmung auch nebeneinander in separaten KALENDER-Fenstern angezeigt werden.

Für alle zusammen kann dann ein weiterer Kalender eingerichtet werden, zwischen dem und den anderen Kalendern über die Ablage die wichtigsten Termine ausgetauscht werden können.

Für die ganze Firma kann zu Beginn des Jahres ein Werkskalender als Windows-Datei verteilt werden, in dem schon Feiertage, Werksfeiertage, wichtige Betriebstermine, Messen und Schulferien eingetragen sind.

Den etwas knappen Platz für Einträge können Sie dadurch ausgleichen, daß Sie bei Telefonterminen, wie z. B.

```
11:30 Becker anrufen
```

die Telefonnummer in der Anwendung KARTEI sichern, die Sie als Sinnbild stets direkt verfügbar halten.

Wollen Sie zu einem Termin noch ausführlichere Bemerkungen eintragen, können Sie statt dessen nur den Namen einer NOTIZ-Datei festhalten, über den Sie rasch auf Ihre Notizen zurückgreifen können.

Um Platz zu sparen und der besseren Übersichtlichkeit wegen, sollten Sie nur eine volle Stundeneinteilung verwenden und mit der Löschfunktion regelmäßig abgelaufene Termine löschen. Mit der Funktion "Besondere Zeit" aus dem Menü "Optionen" können Sie trotz der nur stundenweisen Einteilung des Kalenders Termine zu jeder gewünschten Zeit eintragen. *Zeilen*

Sinnvollerweise sollten Sie auch die Funktion des vorzeitigen Alarms nutzen, damit Sie schon einige Minuten vor dem eigentlichen Termin daran erinnert werden. *vorzeitiger Alarm*

Aufbau des Kalenders

Der Kalender besteht aus Terminblättern, die je nach Modus zehn Uhrzeiten oder die Tage eines Monats als Übersicht anzeigen. Unterhalb des Terminblattes befindet sich noch ein dreizeiliger Bemerkungsbereich. Dort kann im Tagesterminblatt neben der Stundenleiste ein kurzer Eintrag vorgenommen werden. Im Monatsterminblatt können Tage gesondert markiert werden. Auf der Arbeitsfläche befindet sich jeweils ein Terminblatt, das je nach Blättervorgang durch ein nachfolgendes bzw. vorhergehendes Blatt ersetzt wird. *Kalenderaufbau*

Notizen

Besondere Menüpunkte und Funktionen

Im folgenden beschreiben wir besondere Menüpunkte und Tastenfunktionen der Anwendung KALENDER. *Tastenfunktionen*

\<F4\>	Sprung zu einem bestimmten Datum
\<F5\>	Setzen/Löschen eines Alarms
\<F6\>	Ein-/Ausschalten der besonderen Kennzeichnung eines Tages
\<F7\>	Einfügen einer besonderen Uhrzeit in die Zeitleiste eines Tagesblattes
\<Tab\>	Wechsel der Schreibmarke zwischen Terminteil und Notizbereich
\<Strg\> + \<Bild↓\>	Blättern zum folgenden Terminblatt
\<Strg\> + \<Bild↑\>	Blättern zum vorhergehenden Terminblatt
\<Alt\> + \<D\>, \<C\>	Löschen von Terminen bis zu einem Datum
\<Alt\> + \<A\>, \<T\>	Tagesdarstellung
\<Alt\> + \<A\>, \<M\>	Monatsdarstellung
\<Alt\> + \<G\>, \<H\>	Rücksprung zum Terminblatt für das aktuelle Tagesdatum
\<Alt\> + \<W\>, \<S\>	Einstellen Vorwarnung und akustisches Signal
\<Alt\> + \<O\>, \<T\>	Einstellen der Zeitleiste für Tagesblätter

Arbeiten mit dem Kalender

Markieren

Für den Kalender gelten die gleichen Positionierungstasten wie für die Kartei, d. h. die \<Pfeiltasten\>, die \<Bildtasten\>, \<Pos1\>, \<Ende\> und die \<Eingabetaste\>. Zusammen mit der \<Umsch\>-Taste können diese Tasten zur Markierung bzw. zur Fortsetzung der Markierung von Einträgen verwendet werden.

Beachten Sie bitte, daß sich die Blätterfunktionen nur auf den Notizbereich unterhalb des Terminblattes beziehen, solange sich die Schreibmarke dort befindet.

Blättern

Zum Blättern der Terminblätter müssen Sie in diesem Fall die Schreibmarke erst mit \<Tab\> bzw. durch Anklicken mit der Maus dorthin zurücksetzen.

Enthält das Tagesblatt mehr als zehn Einträge, dann müssen Sie die <Pfeiltasten> bzw. die Maus auf der Laufleiste einsetzen, um die Uhrzeitleiste hoch- bzw. herunterzurollen.

Tagesblatt rollen

Mit der <Eingabetaste> wählen Sie im Monatsblatt für das Datum unter der aktuellen Schreibposition das zugehörige Tagesblatt an.

Monatsblatt Tagesblatt

Durch Drücken von <F6> können Sie, unabhängig von der Kalenderdarstellung, den in Bearbeitung befindlichen Tag als mit Terminen belegt kennzeichnen.

Tag kennzeichnen

Mit <F5> können Sie beliebig viele Alarmzeitpunkte in Terminblätter eintragen. Zu diesen Zeitpunkten blinkt dann die Titelleiste oder das Sinnbild des Kalenders, und bei aktiver KALENDER-Anwendung ertönt bei entsprechender Voreinstellung ein Signal, das über ein Dialogfenster abgestellt werden kann.

Alarm einstellen

Übungen zum Kalender

Übungen

1. Starten Sie die Anwendung KALENDER, und wählen Sie im Menü "Gehe zu" die Option "Datum". In der Kurzform drücken Sie dazu nur die Funktionstaste <F4>. Tragen Sie hier als Datum den 21.1.91 ein und bestätigen diesen Eintrag. Anschließend wählen Sie im Menü "Optionen" den Menüpunkt "Tageseinstellungen" aus. Belassen Sie hier das Intervall für die Stundenleiste auf 60 Minuten, und ändern Sie nur die Anfangszeit auf 6:30. Bestätigen Sie auch diese Eingabe mit "Ok" oder mit der <Eingabetaste>.

Anwendung starten

Datum festlegen

Anfangszeit ändern

Nun wählen Sie im gleichen Menü den Punkt "Besondere Zeit", was in der Kurzform mit der Funktionstaste <F7> möglich ist. Stellen Sie diese besondere Zeit auf 12:15 ein, und wählen Sie das Dialogfeld "Einfügen". Im Kalenderblatt tragen Sie hinter dieser Uhrzeit

Uhrzeit einfügen

```
Mittagessen am See
```

ein. Vereinbaren Sie nun für diesen wichtigen Termin einen Alarm, indem Sie einfach auf die Funktionstaste <F5> drücken.

Termin eintragen

Alarm festlegen

2. Machen Sie nun bei 14:00 Uhr eine weitere Eintragung, indem Sie die Schreibmarke zunächst mit der Taste <↓> dorthin setzen und dann tippen:

```
Freddy tel. wegen Vertrag
```

Setzen Sie auch hier mit <F5> einen Alarm. Ebenso sollen Sie etwas bei 15:00 Uhr eintragen:

```
Schlitteln mit Gerry, Biggy + Herby
```

Mit <Tab> schalten Sie nun in den Notizbereich um und schreiben dort:

```
Anreise am Vortag
```

Mit <Tab> gelangen Sie wieder in das Tagesblatt zurück. Durch Drücken von <F6> wird dieser Tag dann besonders hervorgehoben, was Sie allerdings erst gleich in der Monatsdarstellung sehen können.

3. Jetzt blättern Sie mit <Strg> + <Bild↑> oder durch einmaliges Anklicken des nach links gerichteten Pfeils mit der Maus zum Vortag zurück, und tragen dort um 12:00 Uhr ein:

```
Abflug Düsseldorf
```

Mit <Tab> gehen Sie noch einmal in den Notizbereich und schreiben dort:

```
Reisepaß und Vertragsentwurf mitnehmen
```

4. Nun sollen Sie in die Monatsdarstellung umschalten. Das geschieht entweder durch einmaliges Anklicken der Datumszeile mit der Maus oder durch Drücken von <Alt> + <A>, <M>. Auch hier drücken Sie noch einmal die Taste <F6>, so daß nun zwei Tage im Monat Januar besonders hervorgehoben sind. Sie sehen auch, daß die Bemerkung für den 20. eingeblendet wird. Dies gilt ebenso für den 21., zu dem Sie nun mit <→> überwechseln sollen, nachdem Sie zuvor mit <Tab> wieder in den Kalenderbereich geschaltet haben.

5. Als abschließende Übung sollen Sie mit <Strg> + <Bild↓> zum nächsten Monat blättern, den 28. mit der Taste <↓> an-

steuern und diesen Tag mit <F6> markieren. Nach Drücken von <Tab> schreiben Sie im Notizbereich

```
Steuererklärung abgeben
```

und drücken dann wieder <Tab>. Mit der <Eingabetaste> wechseln Sie dann wieder in die Tagesdarstellung zurück, wo Sie bei 12:00 Uhr die Eintragung

Tagesdar-stellung

```
Tel Steuerberater
```

machen und dafür mit <F5> auch einen Alarm einstellen. Zusätzlich sollen Sie die Weckersteuerung auf vorzeitiges Klingeln einstellen. Rufen Sie also mit <Alt> + <W>, <S> die Option "Steuerung" im Menü "Wecker" auf, löschen den voreingestellten Wert durch Eintippen der Ziffer 5 und bestätigen mit der <Eingabetaste>.

Vorzeitigen Alarm ein-stellen

6. Zum Schluß speichern Sie Ihren Kalender mit <Alt> + <D>, <U> unter dem Namen TERMINE und verlassen die Anwendung mit <Alt> + <F4> oder durch einen Doppelklick mit der Maus auf das Steuerungsmenüfeld.

Kalender speichern

Anwendung beenden

Schritt 11:

Anwendung:
Notizblock

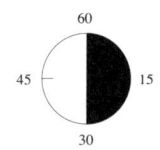

NOTIZ/
WRITE

In diesem Schritt lernen Sie die Anwendung NOTIZ.EXE kennen. Diese Anwendung ist sozusagen die kleine Schwester der Anwendung WRITE.

Sie ist nicht ganz so mächtig wie WRITE, benötigt dafür auch weniger Speicherplatz, was in manchen Situationen vorteilhaft sein kann.

Sie sollten sich deshalb zuerst mit dem Notizblock vertraut machen, bevor Sie sich mit WRITE befassen.

Der Lernschritt 12 baut deshalb auch auf dem Schritt 11 auf. So eignen Sie sich am schnellsten die elementaren Grundkenntnisse auch für WRITE an.

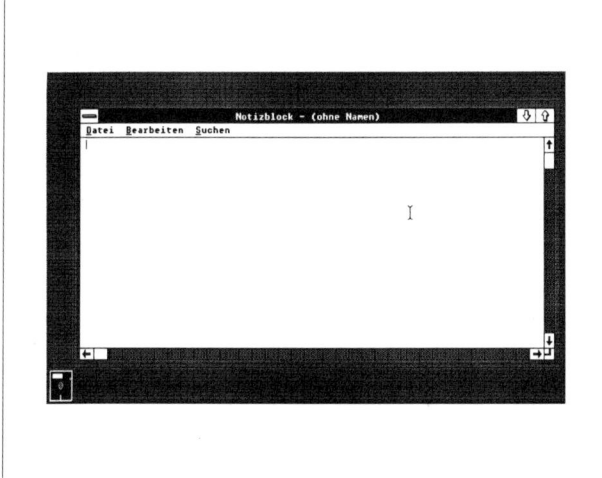

Abb. 11.1: Die Anwendung NOTIZ

Informationen zum Notizblock

Speicher-
bedarf

Zeilen-
umbruch

Ohne Daten belegt die Anwendung NOTIZ nur 10 KBytes Hauptspeicher. Sie ist zum Schreiben kurzer Texte für den persönlichen Gebrauch bestimmt und verfügt bis auf den Zeilenumbruch über keine Funktionen für die Textgestaltung.

Namens-
erweiterung

Der Notizblock eignet sich als bequem unter Windows zu handhabender Editor für Systemdateien wie WIN.INI, AUTOEXEC.BAT und CONFIG.SYS.

Die Dateien, die mit der Anwendung NOTIZ erstellt worden sind, führen die Namenserweiterung TXT.

Nutzungshinweise

Zeichen-
anzahl

Mit dem Notizblock können Texte bis zu 16000 Zeichen Umfang bearbeitet werden. Durch Aufruf des Menüpunktes "Über Notizblock" aus dem Menü "Datei" können Sie sich jederzeit über den noch freien Arbeitsbereich des Notizblocks informieren.

WIN.INI

Damit Sie die indirekten Startmöglichkeiten des Notizblocks über das Ansprechen bestimmter Dateitypen effizient nutzen können, sollten Sie in der Datei WIN.INI der Anwendung NOTIZ noch zusätzlich die Namenserweiterungen BAT, SYS und SCR zuordnen.

Vor solchen Veränderungen dieser Datei ist es ratsam, ihren alten Inhalt zuvor unter einem anderen Namen zu sichern.

Menüs

Der Notizblock verfügt neben dem Steuerungsmenü und den zwei Standardmenüs "Datei" und "Bearbeiten" noch über das Menü "Suchen". Diese Menüs enthalten im wesentlichen nur eine Teilmenge der Menüpunkte der im vorigen Schritt vorgestellten Anwendung KARTEI.

Wenn Sie mit dieser Anwendung schon vertraut sind, brauchen Sie sich nur doch die drei letzten Menüpunkte des Menüs "Bearbeiten" einzuprägen, um mit dem Notizblock effizient zu arbeiten.

Besondere Menüpunkte und Funktionen

Im folgenden beschreiben wir besondere Menüpunkte und Tastenfunktionen der Anwendung NOTIZ.

\<F3\>	Eingabe eines Suchbegriffs und Weiterschalten der Suche
\<F5\>	Datum und Uhrzeit an der Schreibmarke einfügen
\<Alt\> + \<Rückschritt\>	Rücknahme der letzten Änderung
\<Alt\> + \<D\>, \<Ü\>	Angabe in Prozent über den noch freien Arbeitsplatz
\<Alt\> + \<B\>, \<Z\>	Zeilenumbruch ausschalten
\<Alt\> + \<S\>, \<S\>, \<G\>	Groß-/Kleinschreibung für Suchfunktion an- und abschalten
\<Alt\> + \<S\>, \<S\>	Texteingabe und Suche nach Drücken der \<Eingabetaste\>

Arbeiten mit dem Notizblock

Das Blättern im Notizblock und das Positionieren der Schreibmarke können Sie mit den \<Pfeiltasten\>, den \<Bildtasten\> und \<Strg\> + \<Pos1\> bzw. \<Ende\> oder mit der Maus über die Laufleiste bewerkstelligen.

Das Markieren von Textteilen geschieht durch Ziehen der Maus bei gedrückter linker Maustaste, mit der Tastatur durch Drücken der Tastenkombination \<Umsch\> + \<Pfeiltasten\> oder über den Befehl "Alles markieren" im Menü "Bearbeiten": \<Alt\> + \<B\>, \<M\>. Durch alleiniges Drücken einer \<Pfeiltaste\> wird die erweiterte Markierung wieder aufgehoben.

Das Editieren der Notizen ist mit Hilfe der \<Entf\>-Taste, der \<Rückschritt\>-Taste und der \<Einfg\>-Taste möglich. Eine Zeilenschaltung wird durch Drücken der \<Eingabetaste\> erreicht. Beachten Sie bitte, daß eingefügter Text nicht zum automatischen Zeilenumbruch, sondern lediglich zum Rausschieben des Textes und zum seitlichen Rollen des Fensters führt.

Tabulatoren

Der Notizblock hat feste, nicht veränderbare Tabulatorstops, die mit <Tab> bzw. rückwärts mit <Umsch> + <Tab> angesteuert werden können.

*Zwischen-
ablage*

Das Kopieren größerer Textpassagen in die Zwischenablage geschieht nach dem Markieren mit dem Kopierbefehl <Strg> + <Einfg>. Anschließend kann der Inhalt der Ablage mit <Umsch> + <Einfg> beliebig oft an verschiedene gewünschte Stellen in die Notizen eingefügt werden.

Übungen

Übungen zum Notizblock

*WIN.INI
laden*

1. Starten Sie bitte Windows, laden die Datei WIN.INI und suchen dort den Text

    ```
    load=
    ```

*Eintrag
suchen*

    Sie können den Suchvorgang mit <F3> starten, den Begriff "load" eingeben und die Suche durch Drücken der <Eingabetaste> starten.

    Da der erste Fundort in einer Kommentarzeile liegt und nicht der gewünschte ist, drücken Sie noch einmal <F3>.

*WIN.INI
speichern*

2. Bevor wir die Datei WIN.INI ändern, speichern wir sie zunächst unter dem Namen OLDWIN.INI. Drücken Sie also <Alt> + <D>, <U>. Setzen Sie die Schreibmarke mit <Pos1> an den Anfang des vorgegebenen Dateinamens, und tippen Sie

    ```
    old
    ```

    Durch das Drücken der <Eingabetaste> wird die Datei gespeichert.

*Daten ein-
geben*

3. Wir machen nun in der Datei WIN.INI zwei Eintragungen:

    ```
    load=uhr rechner
    ```

4. Als nächstes kommentieren wir unsere Änderung unter zusätzlicher Angabe von Uhrzeit und Datum. Fügen Sie mit der <Eingabetaste> eine Leerzeile ein, bringen Sie mit <↑> die Schreibmarke an deren Anfang und tippen Sie dort:

```
; Änderung der Parameter durch den Benutzer
<F5>
```

5. Als weitere Übung speichern wir diesen Kommentar zum mehrfachen Gebrauch in der Zwischenablage. Markieren Sie die Kommentarzeile mit <Pos1> und dann <Umsch> + <↓>. Speichern Sie sie mit <Strg> + <Einfg>.

6. Wir wollen nun den Inhalt der Zwischenablage an einer anderen Stelle in der Datei WIN.INI einfügen. Drücken Sie <Alt> + <S>, <S>, und geben Sie den Suchbegriff

```
extensions
```

ein. Durch Drücken der <Eingabetaste> wird die Suche begonnen und mit <F3> der gewünschte Eintrag erreicht. Betätigen Sie nun viermal die Taste <↓> und fügen dort mit <Umsch> + <Einfg> den Inhalt der Zwischenablage ein.

7. An dieser Stelle wollen wir in der Datei WIN.INI noch zwei weitere Eintragungen machen. Dazu kopieren wir die beiden Zeilen

```
txt=notiz.exe ^.txt
ini=notiz.exe ^.ini
```

indem wir sie zunächst mit zweimal <Umsch> + <↓> markieren, sie dann mit <Strg> + <Einfg> in der Zwischenablage speichern, die neue Position mit zweimal <↑> ansteuern und die Zeilen mit <Umsch> + <Einfg> einfügen.

In den doppelten Zeilen ändern wir nun die Zeichenfolgen "txt" und "ini" in "bat" bzw. "sys" ab. Dazu drücken Sie dreimal die <Entf>-Taste, tippen als erstes

```
bat
```

ein und bringen die Schreibmarke mit <Pos1> wieder an den Zeilenanfang. In die nächste Zeile gelangen Sie mit

Hilfe der Taste <↓>. Dort löschen Sie wie beschrieben wieder die ersten drei Zeichen und tippen dafür

```
sys
```

ein.

Textanfang

8. Zum Schluß wollen wir einen weiteren Kommentar an den Textanfang setzen. Dorthin gelangen Sie mit <Strg> + <Pos1>. Fügen Sie mit der <Eingabetaste> eine Leerzeile ein, und setzen Sie die Schreibmarke mit <↑> in die leere Zeile. Geben Sie dort den folgenden Kommentar ein:

```
; geänderte Version von <F5>
```

Neue Version speichern

9. Abschließend speichern wir die neue Version von WIN.INI mit <Alt> + <D>, <S>.

Automatischer Start des Rechners

10. Wenn Sie überprüfen wollen, ob die Anwendung RECHNER wie beabsichtigt bei jedem Start von Windows geladen wird, müssen Sie Windows zunächst mit <Alt> + <D>, <E> verlassen und dann erneut starten. Das Sinnbild für die Anwendung RECHNER erscheint jetzt unten auf der Arbeitsfläche. Damit wollen wir eine letzte Übung machen.

Formel aus dem Notizblock mit dem Rechner berechnen

11. Sorgen Sie dafür, daß sich die Anwendungen RECHNER und NOTIZ auf der Arbeitsfläche befinden. Tippen Sie jetzt im Notizblock die Formel

```
2.3 * 5.7 + 9.2 / 1.7
```

ein. Übertragen Sie diese Formel in die Ablage, wechseln Sie dann zum RECHNER-Fenster und lösen dort den Befehl "Einfügen" im Menü "Bearbeiten" aus. Der Rechner zeigt jetzt das Ergebnis, das Sie wieder über die Ablage in die Anwendung NOTIZ übernehmen können.

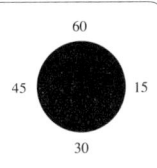
Dieser Schritt führt Sie in die Anwendung WRITE.EXE ein. WRITE ist eine einfache Textverarbeitung für den persönlichen Bedarf und für kleinere interne Texte im beruflichen Alltag.

Textverarbeitung

Dennoch ist diese Anwendung wesentlich leistungsfähiger als die Anwendung NOTIZ und bietet wichtige Funktionen im Bereich der Textgestaltung.

Der folgende Schritt baut auf dem vorigen Schritt auf. Sie erleichtern sich den Einstieg in WRITE, wenn Sie zuvor den Text und die Übungen für die Anwendung NOTIZ gelesen haben.

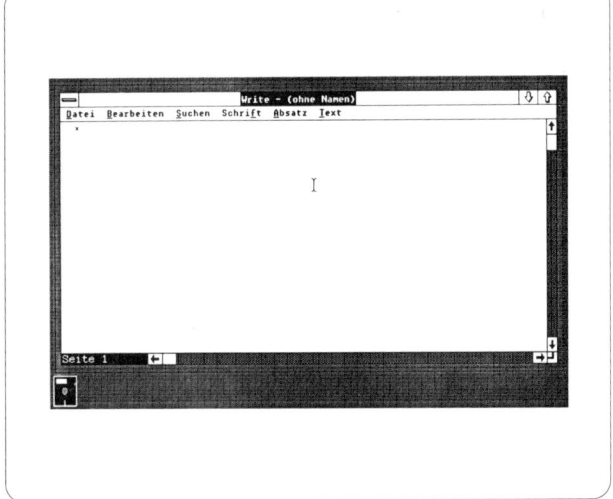

Abb. 12.1: Die Anwendung WRITE

Informationen über WRITE

Windows-Textsystem

WRITE ist das erste Textsystem, das speziell für Windows konzipiert wurde und vollen Gebrauch von den Windows- Möglichkeiten macht. Eine besondere Fähigkeit von WRITE besteht darin, Grafiken von anderen Windows-Anwendungen übernehmen zu können und in ihrer Größe zu verändern.

Grafische Symbole

Sehr guten Gebrauch von der Windows-Oberfläche macht WRITE bei der Textformatierung über grafische Symbole.

Druckbild

WRITE kann vor allem Text am Bildschirm so präsentieren, wie er später im Druckbild erscheint, und dabei sogar verschiedene Schriftarten, -formen und -größen gleichzeitig darstellen.

Fehlende Funktionen

Die fehlenden Funktionen wie Rechtschreibprüfung, automatische Silbentrennung, mehrspaltiger Text, Serienbriefunterstützung, Rechnen und Zeichnen im Text werden durch die guten Möglichkeiten von WRITE, unter Windows mit anderen Anwendungen zusammenzuarbeiten, teilweise ausgeglichen.

Tastenkombinationen

WRITE zeichnet sich gegenüber der Anwendung NOTIZ durch die große Anzahl zusätzlicher Tastenkombinationen zur schnellen Positionierung der Schreibmarke und durch die Möglichkeit des Suchens und Ersetzens aus.

Namenserweiterung

Dateien, die mit der Anwendung WRITE erstellt worden sind, tragen die Namenserweiterung WRI.

Nutzungshinweise

Besondere Menüfunktionen

Im folgenden beschreiben wir besondere Funktionen der Menüs.

Das Menü "Datei"

Mit WRITE können, abhängig vom Ausbau Ihres Arbeitsspeichers, größere Texte bearbeitet werden.

Seitenumbruch

Für eine seitengerechte Formatierung solcher Texte ist das Menü "Datei" um den Menüpunkt "Seitenumbruch" ergänzt worden.

Zusätzlich können Sie aus WRITE heraus – ohne Umweg über die Systemsteuerung – verschiedene Drucker ansprechen. Dies ist beispielsweise sinnvoll, wenn Sie einen Drucker für schnellen und preiswerten Entwurfausdruck und einen für höchste Qualitätsansprüche einsetzen.

Drucker

Der Menüpunkt "Speichern" erlaubt als Option, Texte im Format der Anwendung WORD abzuspeichern, ebenso wie er beim Laden das Lesen von WORD-Dokumenten unterstützt. Hierbei gehen allerdings bestimmte Gestaltungsmerkmale des Schriftgutes verloren, so daß die Übernahme von WORD-Texten weniger sinnvoll ist als eine Ersterfassung von Texten unter WRITE für WORD bzw. andere mächtige Textverarbeitungen und Dokumentgestaltungs-Software, wie z. B. PageMaker oder Ventura Publisher.

WORD

Das Menü "Bearbeiten"

Das Menü "Bearbeiten" enthält neben den üblichen Funktionen zur Nutzung der Windows-Ablage Befehle, die ein horizontales Verschieben und Verändern der Größe von Bildern erlaubt.

Bilder

Das vertikale Verschieben von Bildern wird über das Löschen und Einfügen von benachbarten Zeilen bewirkt.

Ein weiterer Menüpunkt ist die Rücknahme der zuletzt erfolgten Änderung.

Das Menü "Suchen"

Das Menü "Suchen" beinhaltet über die Standardfunktionen "Suchen" und "Weitersuchen" hinaus die Punkte "Ändern" und "Gehe zu Seite", mit dem die direkte Anwahl einer Seite ermöglicht wird. Dies ist für die Bearbeitung sehr großer Texte eine wichtige Hilfe.

Seitenwahl

Der Befehl "Ändern" bewirkt eine spezielle Form des Suchens, der aber auch das Suchen ohne Ändern erlaubt. Darüber hinaus ermöglicht er das automatische Ändern von Fundstellen im Text. Dabei können nach Wunsch alle im Text enthaltenen

Suchen und Ändern

Treffer auf einen Schlag geändert werden. Dieses Vorgehen ist jedoch nicht ganz ungefährlich, da WRITE die durchgeführten Änderungen leider nicht kennzeichnet, was eine Kontrolle erschwert.

Rücknahme

Sicherer ist das ebenfalls angebotene Suchen und Ändern mit schrittweisem Weiterschalten, wobei unerwünschte Änderungen jeweils mit dem Befehl "Rücknahme" rückgängig gemacht werden können. Die "Rücknahme"-Funktion ist zwar in der Lage, alle geänderten Daten einer einzigen globalen Änderungsoperation wieder rückgängig zu machen. Sie kann jedoch keine Daten wieder herstellen, die in weiter zurückliegenden Aktionen geändert wurden. Deshalb ist es ratsam, im Zuge einer Reihe von umfangreichen Änderungen von Zeit zu Zeit eine Sicherungskopie des Textes vorzunehmen. Praktischerweise können Sie diese Arbeitskopien durchnumerieren, z.B. TEXT01.WRI, TEXT02.WRI usw.

Dialogfenster verschieben

Eine praktische Besonderheit der Dialogfenster "Ändern" und "Suchen" ist, daß diese nicht automatisch nach der Eingabe der Parameter von der Arbeitsfläche verschwinden und sich sogar verschieben lassen.

Dies sollten Sie sich bei der Bearbeitung von Texten zunutze machen und diese Fenster in die rechte oder linke obere Ecke des WRITE-Fensters schieben. So können Sie rasch und bequem jederzeit Such- und Änderungsbegriffe ändern.

Das Menü "Schrift"

Schriftarten

Das Menü "Schrift" bietet viele Möglichkeiten, die Schriftform nach Größe, Typ und Modus zu verändern. Für die von vielen Druckern unterstützte Schriftart Times Roman stellt WRITE fünf verschiedene Zeichendichten zur Verfügung. Falls Sie die anderen angebotenen Schriftarten verwenden wollen, überprüfen Sie bitte, ob der für die Ausgabe vorgesehene Drucker und das zugehörige Treiberprogramm diese Schriftart unterstützen können.

WRITE läßt gleichzeitig bis zu drei Schriftarten zu, wobei die angebotene Auswahl vom jeweils aktiven Drucker abhängt. Die Schriftattribute "Fett", "Kursiv" und "Unterstrichen" können bequem über Funktionstasten eingestellt werden. Die seltener verwendete Hoch- und Tiefstellung muß über das Menü gewählt werden.

Die Menüs "Absatz" und "Text"

WRITE bietet die wichtigsten Formatierungsmöglichkeiten wie "Linksbündig", "Rechtsbündig", "Zentriert" und "Blocksatz" im Direktmodus an. Das heißt, die entsprechende Formatierung wird sofort im WRITE-Fenster ausgeführt. Das hat den Vorteil, daß Sie vorher sehen, wir Ihr Text ausgedruckt wird. *Formatierungen*

Damit die Formatierung nicht zuviel Zeit beansprucht, wird immer nur der aktuelle Absatz formatiert. Ein Absatz wird durch Drücken der <Eingabetaste> gebildet. Das Steuerzeichen für den Absatz ist im Text nicht sichtbar, kann aber mit der Suchfunktion ebenso wie andere Steuerzeichen gefunden werden. *Absätze*

Bei der Eingabe von neuen Absätzen werden die Einstellungen des unmittelbar vorangegangenen Absatzes übernommen. Deshalb ist es sinnvoll, sich vor der Eingabe der ersten Textzeile schon Gedanken über den Zeilenabstand und die Einrückung zu machen, die über das Menü "Absatz" eingestellt werden, und über das Seitenlayout, das im Menü "Text" festgelegt wird. *Zeilenabstand Einrückung Seitenlayout*

Mit Hilfe des Zeilenlineals und seiner Symbole für Textausrichtung und Tabulatoren können markierte Gruppen von Absätzen nachträglich einfach durch Anklicken der Symbole mit der Maus neu formatiert werden. *Zeilenlineal*

Die ebenfalls über das Menü "Text" einzugebenden Kopf- und Fußzeilen werden nicht im WRITE-Fenster angezeigt, sondern erscheinen erst bei der Druckausgabe. *Kopf-/Fußzeilen*

Besondere Menüpunkte und Funktionen

In WRITE gelten über die folgenden Tasten hinaus die in der Anwendung NOTIZ und in der Tabelle der elementaren Tastenfunktionen in Schritt 7 beschriebenen Tastenkombinationen.

<F3>	Beginn der Suche und Weitersuchen
<F4>	Gehe zu Seite
<F5>	Standard-Schrifteinstellung
<F6>, <F7>, <F8>	Fett, Kursiv, Unterstrichen
<Alt> + <F6>	Wechsel zwischen WRITE-Fenster und Dialogfenster
<Alt> + <Rückschritt>	Rücknahme der letzten Änderung

Anmerkung: Die Taste <5>, in WRITE "Gehe zu"-Taste genannt, ist die Ziffer 5 in der Mitte des Ziffernblocks.

"Gehe zu"-
Taste

<5> + <↑>	Schreibmarke vor vorhergehenden Absatz
<5> + <↓>	Schreibmarke vor nachfolgenden Absatz
<5> + <←>	Schreibmarke vor vorhergehenden Satz
<5> + <→>	Schreibmarke vor nachfolgenden Satz
<5> + <Bild↑>	Schreibmarke eine Textseite zurück
<5> + <Bild↓>	Schreibmarke eine Textseite vor
<5> + <Pos1>	Schreibmarke an Textanfang
<5> + <Ende>	Schreibmarke an Textende
<Strg> + <Bild↑>	Schreibmarke an Fensteranfang
<Strg> + <Bild↓>	Schreibmarke an Fensterende
<Umsch> + <Strg> + <Pos1>	Markierung bis Textanfang erweitern
<Umsch> + <Strg> + <Ende>	Markierung bis Textende erweitern
<Umsch> + <Strg> + <Bild↑>	Markierung bis Fensteranfang erweitern
<Umsch> + <Strg> + <Bild↓>	Markierung bis Fensterende erweitern
<Alt> + <D>, <W>	Wechsel des aktiven Druckers
<Alt> + <D>, <B>	Seitenumbruch

\<Alt\> + \<B\>, \<V\>	Bild horizontal verschieben
\<Alt\> + \<B\>, \<Ä\>	Ändern der Bildgröße
\<Alt\> + \<S\>, \<Ä\>	Suchen ohne Ändern, Suchen mit Ändern, Ändern gefundenes Wort und Ändern Suchbegriff
\<Alt\> + \<F\>, \<H\>	Hochstellen
\<Alt\> + \<F\>, \<T\>	Tiefstellen
\<Alt\> + \<F\>, \<A\>	Schriftart laden
\<Alt\> + \<F\>, \<1\> \<2\> \<3\>	Aktuelle Schriftart wechseln
\<Alt\> + \<A\>, \<L\>	Linksbündig
\<Alt\> + \<A\>, \<R\>	Rechtsbündig
\<Alt\> + \<A\>, \<Z\>	Zentriert
\<Alt\> + \<A\>, \<B\>	Blocksatz
\<Alt\> + \<T\>, \<K\>	Kopfzeile anlegen
\<Alt\> + \<T\>, \<F\>	Fußzeile anlegen
\<Alt\> + \<T\>, \<L\>	Lineal ein-/ausschalten
\<Alt\> + \<T\>, \<T\>	Tabulatoren ein-/ausschalten
\<Alt\> + \<T\>, \<S\>	Seitenlayout festlegen

Alle Positionierungsbefehle – auch die hier nicht gesondert aufgeführten Standard-Tastenkombinationen – können in Verbindung mit der \<Umsch\>-Taste zur Erweiterung von Markierungen verwendet werden.

Markierung erweitern

Arbeiten mit WRITE

WRITE kennt über die schon von der Anwendung NOTIZ bekannten Positionierungsfunktionen hinaus viele weitere Tastenkombinationen, die eine schnelle Textbearbeitung ermöglichen. Gewöhnungsbedürftig sind sicherlich die "Gehe zu"-Tastenkombinationen, aber Sie merken schnell, wie praktisch die Lage dieser Taste ist.

Bis auf das Seitenlayout gelten Formatierungen ohne weiteres nur für den Abschnitt, in dem sich gerade die Schreibmarke befindet. Sie werden aber für neu einzugebende Folgeabsätze übernommen.

Formatierung

Nach dem Einblenden des Lineals über das Menü "Text" können Sie mit der Maus die seitlichen Ränder durch Ziehen der Begrenzungsmarken verstellen. Für die Absatzformatierungen werden von rechts nach links gesehen die folgenden Symbole eingeblendet: Blocksatz, Rechtsbündig, Zentriert, Linksbündig, drei Zeilenabstände sowie Dezimaltabulator und Tabulator. Die Symbole können Sie durch Anklicken auswählen.

Bei nachträglichen globalen Änderungen mehrerer Absätze müssen diese zuvor markiert werden. Neben den in Windows üblichen und in den vorangegangenen Schritten genutzten Markierungsmöglichkeiten verwendet WRITE die linke Spalte der Arbeitsfläche als Markierungsspalte. Einmaliges Anklicken der Markierungsspalte markiert die nebenstehende Zeile, und mit einem Doppelklick wird der rechts liegende Absatz markiert. Den gesamten Text können Sie durch einmaliges Klicken bei niedergehaltener <Strg>-Taste markieren.

Durch Drücken auf die <Entf>-Taste können Sie markierte Textpassagen komplett löschen.

Über die Ablage können Sie größere Textpassagen innerhalb eines Textes und zwischen verschiedenen Schriftstücken austauschen und kopieren. Um mehrere Textteile zwischen zwei Dokumenten auszutauschen, laden Sie am besten zweimal die Anwendung WRITE und kopieren dann die Texte über die Zwischenablage.

Übungen zu WRITE

1. Starten Sie bitte WRITE über den Aufruf der Datei REISE.WRI im MS-DOS-Fenster.

2. Blenden Sie als erstes das Zeilenlineal ein, ändern dann das Seitenlayout auf "Ränder Links: 3 cm" und "Ränder Rechts: 3,34 cm" und stellen dann die Schriftart ein, die Sie verwenden wollen.

3. Markieren Sie den gesamten Text, und wählen Sie als Absatzformatierung "Blocksatz", "Zweizeilig" und "Einrückung Erste Zeile: 1 cm". Wenn Sie eine Maus einsetzen, arbeiten Sie bitte mit den Formatierungssymbolen des

Lineals. Beachten Sie dabei bitte, daß der linke Rand für den gesamten Text durch den kleinen Punkt auf dem Lineal bestimmt wird, wobei er sich anfangs unter dem dreieckigen Randbegrenzer für den aktuellen Absatz befindet.

Solange der Text markiert bleibt, können Sie auch andere Formatvarianten ausprobieren.

Bei markiertem Text wählen Sie bitte die Option "Zentriert" und machen diese Formatierung wieder rückgängig. Die Auswahl springt wieder auf das Blocksatz-Symbol zurück.

4. Kopieren Sie jetzt den noch markierten Text in die Ablage und dann zweimal aus der Ablage zurück. Schalten Sie das WRITE-Fenster auf Vollbild um.

Text kopieren

5. Als nächstes sollen Sie über den Menüpunkt "Ändern" den Suchbegriff "zu" suchen, ohne jedoch einen Änderungswunsch einzutragen und mit Auswahl des Dialogfeldes "Weitersuchen". Verschieben Sie das Dialogfenster nach rechts, unterhalb des Lineals.

Begriff suchen

Suchen Sie mit <F3> weiter. Wenn die Meldung "Die Suche ist abgeschlossen." kommt, geben Sie bitte als Suchbegriff ein Leerzeichen ein und als Änderungsanweisung zwei Leerzeichen. Wählen Sie dann den Modus "Alles ändern".

Begriff suchen und ändern

6. Tragen Sie als nächstes den Suchbegriff "Marcus" und die Änderungsanweisung "Markus" ein, und wählen Sie den Modus "Ändern und weitersuchen". Beim ersten Treffer schalten Sie bitte mit <F6>, <F7>, <F8> die Schriftarten "Fett", "Kursiv" und "Unterstrichen" ein. Wählen Sie jetzt wieder "Ändern und weitersuchen", drücken wieder <F6>, <F7>, <F8> usw., bis die Meldung "Die Suche ist abgeschlossen." erscheint.

Begriff suchen, ändern und hervorheben

7. Blättern Sie zum Textanfang zurück, und rufen Sie im Menü "Text" die Option "Kopfzeile" auf. Drücken Sie einmal die <Eingabetaste>, rufen dann im Menü "Absatz" die Option "Rechtsbündig" auf und wählen dann im Dialogfenster den Punkt "Seitenzahl einfügen" aus.

Kopfzeile einfügen

Wechseln Sie nun ins WRITE-Fenster, drücken einmal die <Eingabetaste>, rufen nun im Menü "Absatz" die Option "Zentriert" auf und geben folgendes ein:

```
Testausdruck WRITE
```

Wechseln Sie nun wieder in das Dialogfenster "Kopfzeile", und verlassen Sie es mit <Esc>. Die im Text angezeigte Kopfzeile verschwindet wieder, da sie in WRITE normalerweise nicht angezeigt wird.

Seitenumbrüche anzeigen

8. Als weitere kleine Übung wollen wir nun im Menü "Datei" den Menüpunkt "Seitenumbruch" aufrufen. Wählen Sie im angezeigten Dialogfenster die Option "Seitenwechsel bestätigen". Quittieren Sie über das Dialogfeld "Ok", und bestätigen Sie Schritt für Schritt die vorgeschlagenen Seitenumbrüche.

Text drucken

9. Abschließend wollen wir noch sehen, wie gedruckt wird. Als Besonderheit fügen wir dabei eine Adresse aus der Adressenkartei in den Brief ein.

Wechseln Sie also in das MS-DOS-Fenster, und starten Sie die Anwendung KARTEI indirekt über die von uns als Beispiel im Schritt 9 angelegte Datei ADRESSEN.KRT.

Adresse einfügen

Kopieren Sie eine Adresse in die Ablage, wechseln wieder in das WRITE-Fenster und setzen dort die Schreibmarke an den Textanfang. Tippen Sie nun

```
Herr
```

und setzen die Schreibmarke dann an den Anfang der folgenden Zeile, wohin Sie anschließend die Adresse aus der Ablage kopieren. Dann drücken Sie noch dreimal die <Eingabetaste>.

Jetzt müssen Sie nur noch den Befehl "Drucken" aus dem Menü "Datei" aufrufen. Wählen Sie im erscheinenden Dialogfenster die Option "Entwurf". Außerdem geben Sie an, daß nur von Seite 1 bis Seite 2 gedruckt werden soll. Nach der Bestätigung wird der Druckvorgang ausgelöst.

Anwendung beenden

Beenden Sie zum Schluß die Anwendung WRITE, ohne die Änderung in der Datei REISE.WRI zu speichern.

Anwendung: PAINT

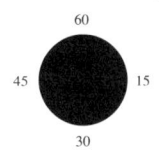

In der Anwendung PAINT.EXE lernen Sie die umfangreichste und komplexeste mitgelieferte Windows-Anwendung neben WRITE kennen. Sie unterscheidet sich wesentlich von den anderen bisher vorgestellten, eher textorientierten Windows-Anwendungen und setzt sehr viele grafische Symbole zur Benutzerführung ein.

Informationen über PAINT

Die Anwendung PAINT belegt ohne Benutzerzeichnungen bereits 63 KBytes im Arbeitsspeicher. Bis zur Version 2.1 erstellt PAINT nur Grafiken in Schwarzweiß.

Speicher-bedarf

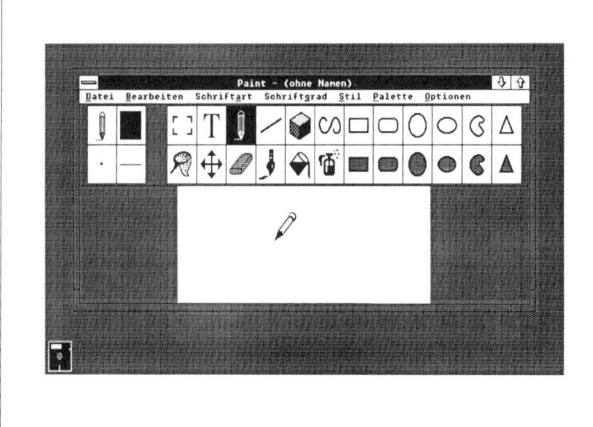

Abb. 13.1: Die Anwendung PAINT

PAINT ist primär für die Bedienung mit einer Maus entwickelt worden. Dies ist bei einem Zeichenprogramm besonders sinnvoll. Alle PAINT-Funktionen sind aber ebenfalls über die Tastatur ausführbar.

Mit PAINT lassen sich zwar Balken- und Kuchendiagramme zeichnen, es unterstützt aber nicht automatisch die Umsetzung von Zahlenmaterial in solche Geschäftsgrafiken.

PAINT bietet keine vorbereiteten Grafikbibliotheken mit Zeichnungselementen und unterstützt auch nicht speziell präzises Zeichnen, wie es für Architekten und Ingenieure notwendig ist.

Dateien, die mit der Anwendung PAINT erstellt wurden, erhalten die Namenserweiterung MSP.

Nutzungshinweise

Sie können in PAINT von anderen Programmen, wie z. B. EXCEL, Geschäftsgrafiken oder von WRITE Texte übernehmen und diese mit Freihandzeichnungen ergänzen oder das eine oder andere Detail nacharbeiten. Anschließend übernehmen Sie Ihre derart verschönten Arbeitsergebnisse wieder in andere Windows-Anwendungen wie KARTEI oder WRITE.

Für Detail-Bearbeitungen können Sie in PAINT nach Wunsch einen Bildteil vergrößern. Umgekehrt können Sie ein Bild auch verkleinern, damit Sie einen Überblick gewinnen, falls das Bild größer als das PAINT-Fenster ist. In diesem Modus ist aber keine Bearbeitung möglich. Dies stört insbesondere bei verzerrt übernommenen Bildern, wie das z. B. mit Bildern von EXCEL der Fall sein kann. Zu diesem Zweck können Sie Bilder aber nach WRITE kopieren und dort mit der Funktion "Bildgröße verändern" nach Belieben stauchen, in die Länge und Breite ziehen und nach gewünschter Veränderung wieder nach PAINT zurückkopieren.

Weiter können Sie in PAINT mit der Lupenfunktion Logos und Symbole entwerfen, diese wieder in WRITE auf die gewünschte Größe verkleinern und sie dann in WRITE, KARTEI und anderen Anwendungen verwenden. Dies könnte beispielsweise ein kleines Telefon als Symbol für Telefonnummern sein oder ein Briefumschlag für Adressen. Praktisch ist es auch, in PAINT erstellte Wegskizzen für eine Einladung in WRITE zu übernehmen.

Die Anwendung PAINT enthält im Grunde genommen die gleichen Möglichkeiten wie WRITE, das Aussehen und die Gestaltung von Schriften zu beeinflussen, wenn auch die Bezeichnungen und die Aufteilung in den Menüs etwas abweicht. Diese Übereinstimmung dient dazu, die Austauschbarkeit von Dokumenten zwischen beiden Anwendungen zu erleichtern. Zusätzlich verfügt PAINT noch über die Stilarten "Umrahmt" sowie "Durchgestrichen" und kann Text durchsichtig, nur in Umrissen darstellen.

Schriftarten

Wie bereits erwähnt, fehlt im Menü "Bearbeiten" gegenüber WRITE der Menüpunkt "Bildgröße ändern". Dafür gibt es die Funktionen "Radieren", "Invertieren", "Ränder nachfahren", "Waagerecht spiegeln" und "Senkrecht spiegeln", die speziell für die Bearbeitung von Bildern konzipiert wurden.

Bilder bearbeiten

Die beiden Menüs "Palette" und "Optionen" dienen dazu festzulegen, mit welchen Strichbreiten und Pinselformen und mit welchem Muster gearbeitet werden soll, wobei auch eigene Pinselformen und Muster entworfen werden können. Die eigenen Entwürfe können Sie leider nicht abspeichern.

Strichbreite Pinselform Muster

Das Zoomen von Bildern bzw. Ausschnitten ist ebenso möglich wie das Unterlegen der Zeichenfläche mit einem unsichtbaren Raster, auf dessen Gitterlinien die Zeichnungsteile ausgerichtet werden.

Zoomen

Raster

Im Menü "Optionen" müssen Sie vor dem Anlegen jeder Zeichnung die Wahl treffen, ob Sie diese für den Drucker oder den Bildschirm erstellen wollen. Mit der Option "Für Drucker" stellen Sie den Zeichenbereich so ein, daß er dem Papierformat des Druckers entspricht.

Drucker/ Bildschirm

Dies ist im allgemeinen die sinnvolle Einstellung. In diesem Zusammenhang wählen Sie auch die niedrige Auflösung für Entwürfe oder die hohe Auflösung für detailreiche, genauere Zeichnungen. Diese Auflösung führt dann allerdings zu längeren Druckzeiten.

Auflösung

Beachten Sie, daß die Einstellung dieser vier Optionen nach Beginn der Zeichnung für diese nicht mehr geändert werden kann. Sie können aber über die Ablage Bilder mit unterschiedlichem Zeichenmodus zwischen zwei PAINT-Anwendungen austauschen.

Vollbild

Falls Ihnen die Zeichenfläche bei der Wahl für den Drucker zu klein ist, schalten Sie das PAINT-Fenster auf Vollbild-Darstellung um.

Rücknahme

Bei sehr aufwendigen Zeichnungen kann oft nach einiger Zeit der Wunsch entstehen, mehrere Aktionen rückgängig zu machen. Dies ist mit der "Rücknahme"-Funktion aber nur für die jeweils letzte Operation möglich. Daher gilt für die Nutzung von PAINT ebenso wie für WRITE die Empfehlung, von Zeit zu Zeit einen Zwischenstand der Zeichnung unter einem fortlaufend numerierten Namen zu speichern.

Aufbau von PAINT

Das Anwendungsfenster von PAINT enthält eine Zeichenfläche, über der eine doppelzeilige Leiste von Funktionssymbolen eingeblendet ist. Der rechte Teil ist die Hilfsmittelpalette, und der linke Teil zeigt die aktuell ausgewählte Einstellung. In der Hilfsmittelpalette sind von links nach rechts folgende Symbole vorhanden:

Hilfsmittel-palette

obere Zeile:

Auswahlrechteck	markiert einen rechteckigen Ausschnitt
Text	fügt Text ein bzw. bearbeitet ihn
Stift	für freies Zeichnen
Linie	zeichnet gerade Linien
Kubus	für dreidimensionales Zeichnen mit Bezugskoordinaten
Kurve	zeichnet gekrümmte Linien
Rechteck	zeichnet Rechtecke
Rondo	zeichnet Rechtecke mit abgerundeten Ecken
Kreis	zeichnet Kreise
Oval	zeichnet Ovale

| Freihandform | zeichnet geschlossene unregelmäßige Formen mit gekrümmtem oder geradem Rand |
| Vieleck | zeichnet Vielecke |

untere Zeile:

Auswahlnetz	markiert einen unregelmäßigen Ausschnitt
Bildrollen	verschiebt die Zeichnung auf der Zeichenfläche
Radierer	löscht Teile von Zeichnungen
Pinsel	für freies Zeichnen mit einem Muster
Kanne	füllt einen eingegrenzten Bereich aus
Sprühdose	färbt schrittweise mit einem Muster
Volles Rechteck	zeichnet ausgefüllte Rechtecke
Volles Rondo	zeichnet ausgefüllte abgerundete Rechtecke
Voller Kreis	zeichnet ausgefüllte Kreise
Volles Oval	zeichnet ausgefüllte Ovale
Volle Freihandform	zeichnet ausgefüllte unregelmäßige Formen
Volles Vieleck	zeichnet ausgefüllte Vielecke

Links von der Hilfsmittelpalette – durch einen Freiraum abgegrenzt – zeigt das ebenfalls zweizeilige Statusfeld die aktuellen Einstellungen an. In der oberen Zeile links wird das gerade gewählte Hilfsmittel dargestellt. Rechts daneben ist das momentan verwendete Muster eingeblendet. In der unteren Zeile wird im linken Feld die Pinselform und rechts daneben die eingestellte Strichstärke für Zeichnungen angezeigt.

Statusfeld

Hilfsmittel

Muster
Pinselform
Srichstärke

Beim Arbeiten auf der Zeichenfläche nimmt die Schreibmarke ebenfalls die für das aktuelle Hilfsmittel typische Form an.

Die Hilfsmittel können am einfachsten durch direktes Anklicken mit der Maus ausgewählt werden. Sie sind aber auch über das Durchblättern mit der <Tab>-Taste wählbar oder über die <Pfeiltasten>, wenn gleichzeitig <Strg> + <Umsch> gedrückt wird.

Hilfsmittel
auswählen

Besondere Menüpunkte und Funktionen

\<F3\>	Auswahl Musterpalette
\<F4\>	Auswahl Strichstärken
\<F5\>	Schriftattribut Normal an/aus
\<F6\>	Schriftattribut Fett an/aus
\<F7\>	Schriftattribut Kursiv an/aus
\<F8\>	Schriftattribut Unterstrichen an/aus
\<Entf\>	Löschen markierter Bereiche
\<Alt\> + \<Rückschritt\>	Rückgängig machen
\<Alt\> + \<B\>, \<R\>	Löschen des Zeichenfensters
\<Alt\> + \<B\>, \<I\>	Invertieren markierter Bereiche
\<Alt\> + \<B\>, \<W\>	Waagerecht spiegeln markierter Bereiche
\<Alt\> + \<B\>, \<S\>	Senkrecht spiegeln markierter Bereiche
\<Alt\> + \<B\>, \<N\>	Ränder nachfahren (Linien verdoppeln)
\<Alt\> + \<A\>	Auswahl der Schriftart
\<Alt\> + \<G\>	Auswahl der Schriftgröße
\<Alt\> + \<S\>, \<M\>	Schriftattribut Umrahmt an/aus
\<Alt\> + \<S\>, \<D\>	Schriftattribut Durchgestrichen an/aus
\<Alt\> + \<S\>, \<L\>	Textausrichtung linksbündig
\<Alt\> + \<S\>, \<Z\>	Textausrichtung zentriert
\<Alt\> + \<S\>, \<R\>	Textausrichtung rechtsbündig
\<Alt\> + \<S\>, \<N\>	Textdarstellung undurchsichtig
\<Alt\> + \<S\>, \<I\>	Textdarstellung durchsichtig
\<Alt\> + \<P\>, \<P\>	Auswahl Pinselformen
\<Alt\> + \<O\>, \<Ö\>	Bildausschnitt vergrößern
\<Alt\> + \<O\>, \<E\>	Bildausschnitt verkleinern
\<Alt\> + \<O\>, \<K\>	Kein Raster
\<Alt\> + \<O\>, \<F\>	Feines Raster
\<Alt\> + \<O\>, \<M\>	Mittleres Raster
\<Alt\> + \<O\>, \<G\>	Grobes Raster
\<Alt\> + \<O\>, \<A\>	Muster entwerfen oder verändern
\<Alt\> + \<O\>, \<D\>	Einstellung des Zeichenbereichs für Drucker

\<Alt\> + \<O\>, \<B\>	Einstellung des Zeichenbereichs für Bildschirm
\<Alt\> + \<O\>, \<N\>	Niedrige Auflösung
\<Alt\> + \<O\>, \<H\>	Hohe Auflösung

Arbeiten mit PAINT

Nach der Wahl eines Hilfsmittels aus der Hilfsmittelleiste nimmt die aktuelle Schreibmarke ein entsprechendes Aussehen an, z. B. Radiergummi für Radierer oder Bleistift für Stift. Mit der Maus bzw. mit den \<Pfeiltasten\> können Sie die Schreibmarke wie gewohnt auf der Zeichenfläche verschieben.

Hilfsmittel bewegen

Durch kurzes Drücken oder Niederhalten der Maustaste bzw. bei Tastatursteuerung der \<Leertaste\> während der Positionsveränderung kann das Hilfsmittel aktiviert und verwendet werden. Loslassen der Maustaste bzw. der \<Leertaste\> schließt die Aktion ab. Die eigentliche Aktion erfolgt also durch Ziehen oder Anwählen (Anklicken).

Bei der Verwendung der Zeichenschablonen Kurve und Vieleck beinhaltet eine Aktion das Anklicken mehrerer Punkte auf der Zeichenfläche. So wird beispielsweise bei der Kurve der Anfangs- und Endpunkt festgelegt und dann der Scheitelpunkt.

Kurve/Vieleck

Mißglückt eine Operation, dann sollten Sie den letzten Schritt sofort mit der Funktion "Rücknahme" rückgängig machen.

Rücknahme

Zum Verschieben der Zeichenfläche über den insgesamt verwendbaren Zeichenbereich müssen Sie das Hilfsmittel Bildrollen einsetzen, das analog zu der entsprechenden Funktion des Steuerungsmenüs für Fenster funktioniert.

Bildrollen

Für die Ersterstellung von Zeichnungen wählen Sie am besten anfangs im Menü "Optionen" den Modus "Für Drucker" mit niedriger Auflösung, um eine Grobskizze anzufertigen. Für eine Feinzeichnung starten Sie PAINT erneut bzw. als zweite Anwendung und wählen den Modus "Für Bildschirm", hohe Auflösung mit Vollbild-Darstellung und zusätzlich die Vergrößerungsfunktion, um Details nachzuarbeiten. Dabei können Sie Ihre Grobskizze über die Ablage von der anderen PAINT-Anwendung übernehmen. Zum Drucken müssen Sie die Zeich-

Zeichenmodus

nung wieder in die ursprüngliche PAINT-Anwendung mit der Einstellung für den Drucker mit hoher bzw. niedriger Auflösung bringen.

Markieren

Zum Markieren von Zeichenbereichen verwenden Sie die Hilfsmittel Auswahlrechteck oder Auswahlnetz. Mit diesen Hilfsmitteln spannen Sie durch Ziehen der Schreibmarke ein Rechteck bzw. einen unregelmäßigen Bereich auf.

Markierte Bereiche können Sie ausschneiden, kopieren, löschen, invertieren, waagerecht und senkrecht spiegeln, mit doppelten Linien versehen und verschieben. Zum Verschieben setzen Sie die Schreibmarke einfach in den markierten Bereich und ziehen diesen mit gedrückter Maustaste bzw. <Leertaste>.

Ausfüllen

Bei Verwendung der Zeichenschablonen Rechteck, Rondo, Kreis, Oval, Freihandform und Vieleck sowie anderer abgeschlossener Flächen ist das Ausfüllen nicht nur durch Auswahl der vollen Schablone als Hilfsmittel, sondern auch durch nachträgliches Füllen mit der Kanne oder mit der Sprühdose möglich.

Übungen

Übungen zu PAINT

Anwendung laden

1. Starten Sie die Anwendung PAINT, und fertigen Sie eine Zeichnung nach Ihrer Fantasie als Grundlage für weitere Übungen an.

Bild kopieren

2. Schalten Sie das PAINT-Fenster auf Vollbild-Darstellung, markieren Sie das gesamte Bild und kopieren es in die Ablage. Starten Sie nun aus dem MS-DOS-Fenster heraus eine zweite PAINT-Anwendung, und stellen Sie im Menü "Optionen" den Modus "Für Bildschirm" und "Hohe Auflösung" ein. Kopieren Sie das Bild aus der Ablage dorthin, und schalten Sie auch hier auf Vollbild-Darstellung um.

Bild verändern

3. Radieren Sie nun mit dem Radierer in der Mitte des Bildes einen Leerstreifen aus. Wählen Sie dann das Hilfsmittel Kurve und ziehen längs durch den Leerstreifen eine Gerade und klicken dann einmal mit der Maustaste oder <Leertaste> unterhalb der Linienmitte.

4. Wählen Sie jetzt nach dem Drücken von <F3> das Muster in der rechten unteren Ecke, und sprühen den ausradierten Streifen nach Auswahl des Hilfsmittels Sprühdose voll. Drücken Sie dazu die <Leertaste> zusammen mit der Taste <→>. Das gewählte Muster wird allerdings erst erkennbar, wenn Sie diesen Vorgang ein paarmal wiederholt haben. Anhand des Sprühverlaufs ist sehr schön die Beschleunigung der <Pfeiltasten> nachzuvollziehen.

Muster sprühen

5. Fügen Sie nun in die Zeichnung einen Text ein, indem Sie das Hilfsmittel T für Text auswählen, die Schreibmarke geeignet positionieren und einen Text eintippen. Legen Sie dann ein leeres Rechteck um den Schriftzug, und füllen Sie dieses mit Hilfe der Kanne. Rufen Sie anschließend die "Rücknahme"-Funktion auf.

Text einfügen

6. Probieren Sie als nächstes, den Schriftzug zu vergrößern, nach Wunsch zu verändern und dann wieder in den Normalmodus zu bringen.

Text verändern

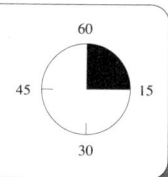

Schritt 14:

Hilfsmittel: MSDOS

Mit der Anwendung MSDOS.EXE, die bei der Standardein-
stellung von Windows stets als erste Anwendung gestartet
wird, haben Sie in den vorhergehenden Schritten schon häufig
gearbeitet. Wir wollen hier noch einmal das Wesentliche über
diese Anwendung zusammenfassen und etwas vertiefen.

Informationen über MSDOS

Die Anwendung MSDOS belegt 13 KBytes Arbeitsspeicher.
Sie kann deshalb ohne weiteres für bestimmte Arbeiten mehrfach gestartet werden. Über MSDOS können Anwendungen
gestartet werden, und das aktuelle Inhaltsverzeichnis kann verändert werden. Auch die Art der Anzeige des Verzeichnisses
kann festgelegt werden.

*Speicherbe-
darf*

Abb. 14.1: Die Anwendung MSDOS

Die Anwendung MSDOS ist gut für Aufräumungsarbeiten von Dateien geeignet, weil sie das Kopieren, Löschen und Umbenennen ermöglicht und detaillierte Informationen über Dateien zur Verfügung stellt. Als MSDOS-Sinnbild dient ein Diskettensymbol.

Arbeiten mit MSDOS

Im oberen Bereich des MS-DOS-Fensters befinden sich die Laufwerksymbole für die vorhandenen Plattenlaufwerke und dahinter die Angaben des aktuellen Inhaltsverzeichnisses mit vollständiger Pfadschreibweise.

Das aktuelle Laufwerk ist hervorgehoben und kann durch <Strg>+<Laufwerksbuchstabe> oder durch Anklicken mit der Maus gewechselt werden.

Im Inhaltsverzeichnis aufgeführte Unterverzeichnisse, die in hervorgehobener Weise am Anfang der Dateiliste aufgeführt sind, können durch doppeltes Anklicken oder durch Markieren und Drücken der <Eingabetaste> geladen werden.

Umgekehrt kommt man in ein übergeordnetes Verzeichnis durch Anklicken eines Teil des Pfadnamens.

Das Verzeichnis kann aber ebenso über den Menüpunkt "Verzeichnis wechseln" des Menüs "Sonstiges" gewechselt werden.

Diese Menü enthält ferner Funktionen für das Anlegen neuer Verzeichnisse und die Initialisierung von neuen Disketten.

Im unteren Teil des Arbeitsfensters ist der Inhalt des aktuellen Inhaltsverzeichnisses entsprechend den Sortiervorgaben des Menüs "Liste" aufgeführt.

Übungen zu MSDOS

1. Starten Sie Windows. Stellen Sie anschließend mit <Alt>+<L>, <P> und <Alt>+<L>, <L> und <Alt>+<L>, <D> die Anzeige des Inhaltsverzeichnisses um.

2. Öffnen Sie nun mit <P> und <Eingabetaste> das Unterverzeichnis PIF. Markieren Sie die Einträge 123.PIF und BASICA.PIF, und drucken Sie sie aus. Drücken Sie dazu die Tasten:

<Umsch> + <↓>, <Leertaste>, <Umsch> + <↓>, <Umsch> + <↓>, <Leertaste>, <Alt> + <D>, <D>

Das Kennzeichnen von Dateigruppen ist auch für andere Befehle möglich.

Einträge markieren und drucken

Hilfsmittel: Spulprogramm

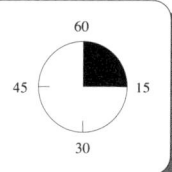

In diesem Schritt lernen Sie die Anwendung SPOOLER.EXE kennen, die die Druckausgabe von Windows-Dateien steuert.

Druckausgabe

Informationen über das Spulprogramm

Die Anwendung SPOOLER kann nur einmal in Windows vorhanden sein. Bei jeder Druckausgabe wird bei Parametereinstellung

```
spooler=yes
```

in der Datei WIN.INI das Spulprogramm automatisch von Windows gestartet. Dieses Programm läuft im Hintergrund ab, so daß Sie währenddessen an anderen Dingen weiterarbeiten können.

Hintergrundprogramm

Abb. 15.1: Die Anwendung SPOOLER

Sie können aber auch aktiv in das Geschehen des Druckens ein-
greifen und Prioritäten in der Warteschlange setzen oder beispielsweise den Druckvorgang vorübergehend unterbrechen.

Die Anwendung SPOOLER verfügt zusätzlich zum Steuerungsmenü über die beiden Menüs "Priorität" und "Steuerung".

Arbeiten mit dem Spulprogramm

Im Spulprogramm-Fenster werden die aktiven Drucker und die
zum Ausdruck anstehenden Dateien angezeigt. Über das Menü
"Priorität" kann die Zeiteinteilung des Computers von der Stan-
dardeinstellung "Gering" auf "Hoch" gestellt werden.

Das Menü "Steuerung" erlaubt das Anhalten und Wiederstarten
sowie das Abbrechen von Druckausgaben.

Als Sinnbild für das Spulprogramm dient ein Druckersymbol.

Übungen zum Spulprogramm

1. Rufen Sie zunächst die Anwendung SPOOLER.EXE auf.

2. Laden Sie dann im MS-DOS-Fenster die Datei WIN.INI
    und geben über das Menü "Datei" einen Druckbefehl.

3. Wechseln Sie nun wieder in das Fenster des Spulpro-
    gramms und setzen dort die Priorität hoch.

Hilfsmittel:
ABLAGE

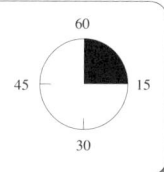

Die Anwendung ABLAGE.EXE ist das wesentliche Element für das Zusammenspiel verschiedener Windows-Anwendungen. Darüber hinaus haben Sie bei der Vorstellung der Anwendungen PAINT und WRITE gesehen, daß auch viele anwendungsinterne Funktionen die Ablage benötigen. Dabei bleibt die Anwendung ABLAGE eigentlich stets im Hintergrund. In diesem Schritt soll die Anwendung noch einmal kurz vorgestellt werden.

Informationen über die Ablage

Die Anwendung ABLAGE benötigt etwa 15 KBytes Arbeitsspeicher. Sie kann nur einmal als gestartete Anwendung vorhanden sein und zu einem Zeitpunkt nur ein Objekt enthalten.

Speicherbedarf

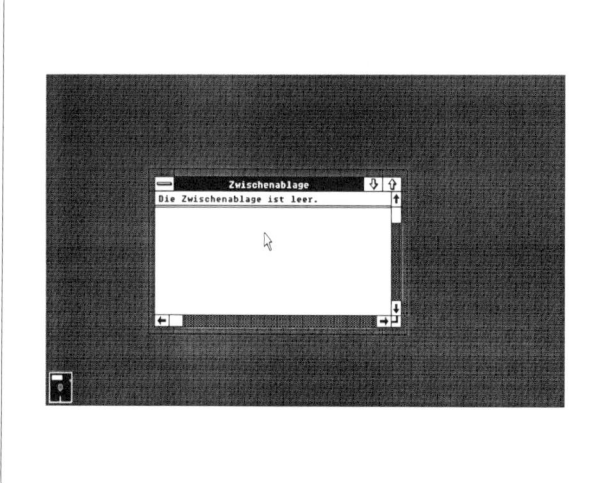

Abb. 16.1: Die Anwendung ABLAGE

Sie dient dazu, Ausschnitte bzw. Kopien von diesen aus Anwendungsfenstern aufzunehmen und diese ein- oder mehrmals in das Ursprungsfenster oder in die Fenster von anderen Windows-Anwendungen zu kopieren.

Clipboard

Als Sinnbild für die Zwischenablage dient ein Notizhalter, ein sogenanntes Clipboard.

Übungen mit der Ablage

Bild von PAINT über die Ablage in KARTEI kopieren

1. Starten Sie die Anwendungen ABLAGE, KARTEI und eine Beispieldatei der Anwendung PAINT. Markieren Sie einen Bildausschnitt in der Zeichnung und kopieren ihn mit <Strg> + <Einfg> in die Ablage. Wechseln Sie dann zur Anwendung KARTEI, stellen im Menü "Bearbeiten" den Menüpunkt "Bild" ein und kopieren den Bildausschnitt.

Ablage betrachten

2. Aktivieren Sie jetzt das Zwischenablage-Fenster, und Sie sehen, daß der Bildausschnitt dort noch vorhanden ist.

Bild in PAINT kopieren

3. Wenn Sie wollen, können Sie nun wieder in das PAINT-Fenster wechseln und dort ebenfalls den Bildausschnitt als Kopie in die Zeichnung einbringen.

Fenster schließen

4. Schließen Sie nun alle Fenster, ohne die Änderungen zu speichern.

Hilfsmittel:
PIF-Editor

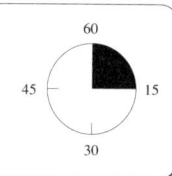

In diesem Schritt wird Ihnen die Anwendung PIFEDIT.EXE vorgestellt, die dazu dient, in Programminformations-Fenstern Anwendungen unter Windows einzurichten.

Anwendungen einrichten

Informationen über den PIF-Editor

Der PIF-Editor belegt 24 KBytes Arbeitsspeicher. Sie können mit dem PIF-Editor neue PIF-Dateien einrichten oder bestehende verändern. Eine PIF-Datei enthält alle Informationen, die benötigt werden, um eine Anwendung unter Windows ablaufen zu lassen.

Speicherbedarf

Als Sinnbild für diese Anwendung wird die Abkürzung PIF verwendet.

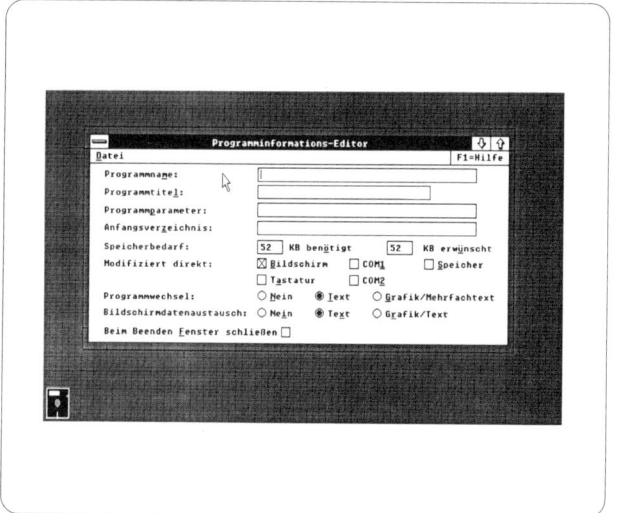

Abb. 17.1: Die Anwendung PIFEDIT

Arbeiten mit dem PIF-Editor

PIF-Dateien

Im allgemeinen werden für die Mehrzahl kommerziell erhältlicher Anwendungen schon PIF-Dateien mitgeliefert. In diesem Fall brauchen Sie diese Datei nur in den PIF-Editor zu laden und den Verzeichnisnamen einzutragen, unter dem die Anwendung auf Ihrem Recher installiert ist.

PIF-Dateien erstellen

Für Anwendungen, bei denen keine PIF-Datei vorliegt, müssen Sie eine erstellen, wobei Sie aus dem betreffenden Anwendungshandbuch entnehmen, wieviel Arbeitsspeicher dieses Programm benötigt.

Falls die Anwendungsdokumentation keine Angaben darüber enthält, ob die Anwendung den Arbeitsspeicher, den Bildschirmspeicher, die Tastaturbelegung, den Tastaturpuffer oder die Register und den Puffer der seriellen Schnittstellen verändert, müssen Sie die richtige Wahl der Parameter durch Ausprobieren herausfinden.

Parameter einstellen

Dies gilt ebenso für die Frage, ob unter Windows ein Programmwechsel möglich bzw. sinnvoll ist und ob hierfür die Optionen "Text" bzw. "Grafik/Mehrfachtext" und "Beim Beenden Fenster schließen" notwendig sind.

Es gibt aber Programme, die nicht oder nur mit Einschränkungen, z. B. wie keine Zusammenarbeit mit der Ablage oder Darstellung nur auf dem vollen Bildschirm, d. h. nicht in einem Fenster mit Steuerungsmenü, ablauffähig sind. Andererseits gibt es speziell für Windows entwickelte Anwendungen, wie z.B. Excel oder PageMaker, für die keine PIF-Datei notwendig ist.

Übungen

Übungen zum PIF-Editor

Programm-name

1. Starten Sie den PIF-Editor, und tragen Sie in das Feld "Programmname"

```
COMMAND.COM
```

Programm-titel

ein und unter "Programmtitel"

```
MS-DOS-Kommandos
```

2. Als "Anfangsverzeichnis" schreiben Sie C:\ oder A:\ , je nachdem, ob Sie das Programm von der Festplatte oder Diskette starten.

*Anfangsver-
zeichnis*

Falls sich die Datei COMMAND.COM nicht im Hauptverzeichnis sondern in einem Unterverzeichnis befindet, müssen Sie dessen Namen hinter dem Backslash eintragen, z. B. A:\MSDOS oder C:\SYSTEM.

3. Im Feld "Speicherbedarf" tragen Sie bitte den Wert 52 KB als benötigt und erwünscht ein.

*Speicherbe-
darf*

4. Als weitere Eingaben kreuzen Sie bitte "Modifiziert direkt: Bildschirm", "Programmwechsel: Text", "Bildschirmdatenaustausch: Text" und "Beim Beenden Fenster schließen" an.

Weitere Parameter

5. Speichern Sie die Datei mit <Alt> + <D>, <U> unter dem Namen

*PIF-Datei
speichern*

```
Commando.PIF
```

ab und verlassen den PIF-Editor.

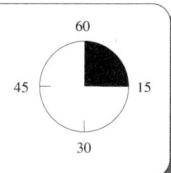
Die Anwendung SYSTEMST.EXE, die Sie in diesem Schritt kennenlernen, ist eine Einstellhilfe für verschiedene Windows-Optionen.

Informationen über die Systemsteuerung

Die Anwendung SYSTEMST benötigt 18 KBytes Arbeitsspeicher. Sie kann als gestartete Anwendung nur einmal in Windows vorhanden sein und dient dazu, nach der Windows-Installation zusätzliche Drucker und Schriftarten einzurichten oder aus dem System vorhandene zu löschen.

Speicherbe-darf

Außerdem können hier die Einstellungen für die Datenübertragung und für die Bildschirmdarstellung von Windows geändert werden.

Einstellun-gen

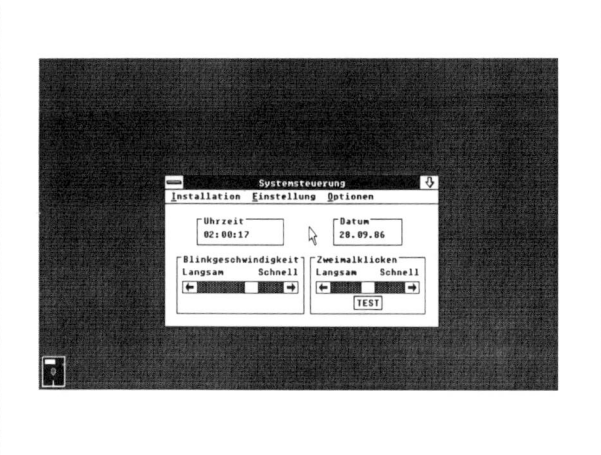

Abb. 18.1: Die Anwendung SYSTEMST

Über die Systemsteuerung sind Tastatur- und Mausgeschwindigkeit, die Linkshänderoption für die Maustaste, der Signalton und länderspezifische Einstellungen wählbar.

Symbol

Das Sinnbild der Systemsteuerung ist ein Symbol, das vier Fenster auf einem Bildschirm darstellen soll.

Arbeiten mit der Systemsteuerung

*Drucker hin-
zufügen*

Für das Hinzufügen eines Druckers müssen Sie über das Menü "Installation" mit der Option "Drucker hinzufügen" zuerst einen Druckertreiber in das Windows-Verzeichnis kopieren. Mit dem Menüpunkt "Anschlüsse" des Menüs "Einstellung" können Sie dann diesem Drucker einen der vorhandenen Druckeranschlüsse zuordnen oder die Zuordnung schon eingerichteter Drucker verändern.

*Druckpara-
meter*

Die Anzahl von Druckversuchen bei Druckerfehlern, die Wartezeit auf die Druckerbereitschaft, das Druckformat, die Auflösung, die Zeichensatzmodule und die Farben können über den Menüpunkt "Drucker" eingestellt werden. Alle vorgenommenen Veränderungen werden von der Systemsteuerung beim Speichern in die Datei WIN.INI eingetragen.

*Fensterpara-
meter*

Formate

Dies gilt auch für das Menü "Optionen", in dem das Erscheinungsbild der Fenster, angefangen von der Hintergrundfarbe, über den Fensterhintergrund, den Menüstart, die Titelleiste bis zum Rahmen und dem Fensterrand in der Tönung, der Helligkeit und der Farbe verändert werden können. Mit dem Menüpunkt "Ländereinstellungen" werden die Formate für Datum, Zeit, Zahlendarstellung und Währung festgelegt.

Übungen

Übungen zur Systemsteuerung

*Länderein-
stellungen*

1. Nach dem Start der Systemsteuerung wählen Sie mit <Alt> + <O>, <L> die "Ländereinstellungen", blättern langsam mit der Taste <↓> die Länderleiste runter und beobachten dabei, wie sich die einzelnen Darstellungen verändern.

Anschlüsse

2. Wählen Sie jetzt im Menü "Einstellung" den Menüpunkt "Anschlüsse". Mit <Tab> wechseln Sie jetzt auf den Para-

meter "Anschluß" und wählen dort mit den <Pfeiltasten> bzw. durch Anklicken mit der Maus den Anschluß "COM1" und dann "Ohne".

Wenn Sie jetzt die <Eingabetaste> drücken, würde der installierte Drucker nicht mehr mit einem Anschluß verbunden sein. Eine Umleitung des Ausdrucks auf COM1 wäre bei der Einstellung COM1 gegeben. Wenn Sie nichts ändern wollen, brechen Sie bitte mit <Alt> + <A> ab und beenden die Anwendung Systemsteuerung.

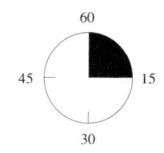

Schritt 19:
Anpassen von Windows

In diesem Schritt werden die bislang am Rande vorgestellten Möglichkeiten der Anpassung von Windows zusammenhängend dargestellt und vertieft.

Veränderungsmöglichkeiten

Sie können Windows mit dem Installationsprogramm, dem Programm MEMSET, der Anwendung SYSTEMST und durch direktes Verändern der Datei WIN.INI an geänderte Anforderungen anpassen. In dieser Datei werden alle wichtigen Änderungen und Eintragungen vorgenommen, wenn Sie mit den vorgenannten Hilfsmitteln arbeiten.

Auch die Anpassung und Einrichtung von Anwendungen mit dem PIF-Editor findet hier ihren Niederschlag. Soweit dies möglich ist, sollten Sie Änderungen, geführt durch diese Anwendungen, vornehmen, aber es gibt auch Änderungen, die Sie nur durch direktes Verändern von WIN.INI durchführen können.

Veränderungsgründe

Es gibt folgende Anlässe, die Windows-Einstellungen zu verändern:

– Sie sind mit der Abwicklung von Anwendungen unter Windows nicht zufrieden. Sie erhalten häufig die Meldung, daß der Speicherplatz nicht ausreicht.

– Das Spektrum der Anwendungen, mit denen Sie vorzugsweise arbeiten, hat sich geändert.

– Sie haben Ihren Rechner durch zusätzliche Komponenten ergänzt und wollen diese unter Windows effizient nutzen.

Veränderung der Arbeitsspeichernutzung

– Sie können automatisch gestartete Anwendungen weglassen, wenn Sie diese selten benötigen. Entfernen Sie die Namen dieser Anwendungen bei den Parametern load und run.

– Ferner können Sie das Spulprogramm abschalten, indem Sie den Eintrag

```
spooler=yes
```

in

```
spooler=no
```

ändern.

– Sie können die Einrichtung des Programms Smartdrive, das zu schnelleren Plattenzugriffen führt, rückgängig machen, indem Sie den Eintrag

```
device=smartdrive
```

in der Datei CONFIG.SYS ändern.

– Tragen Sie im PIF-Editor im Dialogfeld "Programmwechsel: Nein" ein, wenn Sie, um Speicherplatz zu sparen, darauf verzichten wollen.

– Tragen Sie im PIF-Editor im Dialogfeld "Bildschirmdatenaustausch: Nein" ein, wenn Sie noch mehr Speicherplatz sparen wollen.

– Wenn Sie unter Windows mit mehreren Programmen gleichzeitig arbeiten wollen, laden Sie das größte Programm zuerst.

– Verzichten Sie auf den Start von speicherresidenten Programmen wie SideKick, Norton Commander und PC-Tools.

– Starten Sie MEMSET, um die Speichernutzung von Windows zu beeinflussen.

Veränderung des Plattenspeicherbedarfs

– Löschen Sie Windows-Anwendungen, die Sie nicht mehr benötigen, z. B. PIF-Editor, REVERSI oder Taschenrechner.

– Löschen Sie regelmäßig nach Beendigung von Windows verbleibende TMP-Dateien.

– Löschen Sie Schriftarten, die Sie nicht mehr benötigen.

– Entfernen Sie Druckertreiber, die Sie nicht mehr benötigen.

– Speichern Sie Anwendungsdateien auf eine zusätzliche Diskette.

Vor diesen Maßnahmen fertigen Sie bitte eine Sicherungskopie der gelöschten Dateien an. Sie können Windows durch diese Schritte so zurechtschneidern, daß Sie es mit nur einem 1,2-MB-Laufwerk ohne häufiges Diskettenwechseln betreiben können.

Andere Veränderungen von Windows

– Um einen anderen Bildschirmadapter bzw. Bildschirmmodus zu nutzen, müssen Sie die Windows-Installation erneut durchführen.

– Um eine Datei für Druckausgaben zu definieren, tragen Sie im Abschnitt [port] der Datei WIN.INI folgendes ein:

```
AUSGABE.PRN=
```

– Über die Anwendung SYSTEMST, das Menü "Einstellung" und den Menüpunkt "Anschlüsse" können Sie für einen bestimmten Druckertyp, der auch für einen virtuellen Drucker stehen kann, Druckausgaben in diese Datei leiten. Dann können Sie diese später oder nach Dateiübertragung von einem anderen Rechner ausdrucken.

– Die Verwendung von Farben durch Windows, die Nutzung der Maustasten, die Einstellung der Tastaturingabe-

sperre (Wiederholgeschwindigkeit) und der Blinkge-
schwindigkeit der Schreibmarke wird ebenfalls über die
Anwendung SYSTEMST beeinflußt.

Einrichten von Anwendungen

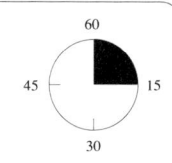

Im Schritt 17 bei der Beschreibung des PIF-Editors haben Sie schon Möglichkeiten zur Anpassung von Anwendungen an die Möglichkeiten Ihres Rechners unter Windows kennengelernt. Dieses Thema werden wir nun hier ergänzend behandeln.

Eintragungen in die Datei WIN.INI

WIN.INI

Für echte Windows-Anwendungen können in der Datei WIN.INI spezielle Abschnitte eingerichtet werden, um besondere Parameterwerte für diese Programme festzulegen. In der Regel geschieht dies automatisch oder über spezielle Menüs innerhalb dieser Anwendungen.

Zusätzlich werden für MS-DOS-Anwendungen PIF-Dateien mit Hilfe des PIF-Editors angelegt. Bestimmte Eintragungen müssen aber direkt in der Datei WIN.INI vorgenommen werden.

direkte Eintragungen

Damit im Inhaltsverzeichnis des MS-DOS-Fensters bestimmte Dateitypen angezeigt werden, müssen Sie im Abschnitt [windows] der Datei WIN.INI hinter den Parameter programs zusätzlich diesen Typ eintragen. Beispielsweise muß für SYS-Dateien der Parameter wie folgt ergänzt werden:

SYS-Dateien

```
programs=com exe bat sys
```

Die Anwendung WRITE legt nach der ersten Verwendung automatisch einen Abschnitt [MSWrite] mit Parametereinstellungen an, die Sie auch modifizieren können. Beispielsweise können Sie

```
Backup=1
```

setzen, um für eine automatische Zwischensicherung zu sorgen.

automatische Sicherung

Wie in Schritt 5 beschrieben, können Anwendungen automatisch mit geöffnetem Fenster oder als Sinnbild geladen werden, und zwar über die Parametereinträge für run und load. In diesem Schritt und auch in Schritt 11 bei der Beschreibung des Notizblocks haben Sie gelernt, wie Anwendungen über die ihnen zugeordneten Dateitypen gestartet werden und wie eine solche Zuordnung vorgenommen wird.

Darüber hinaus ist es möglich, für bestimmte Anwendungen beim automatischen Start stets eine festgelegte Datei mitzuladen, indem man beide Möglichkeiten kombiniert.

Die Einträge

```
run=termine.kal
```

oder

```
load=tagebuch.txt
```

starten die Anwendung KALENDER mit der Datei TERMINE bzw. laden die Anwendung NOTIZ mit der Datei TAGEBUCH als Sinnbild.

Für Programme, die in einem Fenster ablaufen sollen, die im Hauptverzeichnis enthalten sind und keine Modifizierungen von Tastatur, Bildschirm bzw. Speicher vornehmen, können Sie im Abschnitt [pif] eine direkte Eintragung ohne Verwendung des PIF-Editors vornehmen. Hierfür ist nur eine Zeile mit den folgenden Angaben notwendig:

```
programmname.typ=erforderlicher Speicher in
Bytes
```

Programme wie Word, die nicht in einem Fenster ablaufen, können Sie nach dem Kommando exit auf Betriebssystem-Ebene mit <Alt> + <Esc> zeitweise verlassen, um in ein anderes Fenster zu wechseln.

Wenn Sie häufig mit großen Dateien arbeiten, erhöhen Sie den Speicherbedarf über den PIF-Editor für diese Anwendung so, daß Windows genügend Arbeitsspeicher reserviert.

Stichwortverzeichnis

**Fordern Sie ein Gesamtverzeichnis
unserer Verlagsproduktion an:**

SYBEX-VERLAG GmbH
Vogelsanger Weg 111
D-4000 Düsseldorf 30
Tel.: (0211) 61 80 2-0
Telex: 8 588 163
Fax: 0211/6180227